또 하나의 복지, 물

또 하나의 복지, 물

최계운 지음

문학의 문학

차례

5장 | 점점 깊어지는 물 갈등

6장 | 높아지는 욕구와 물복지의 대두

7장 | 진정한 물복지 사회를 기대한다

8장 | 이제 우리가 나서야 할 때다

저자의 말

물로 된 안경 너머로 세상을 보는 사람이 있다. 항상 물을 생각하며, 오랜 시간 물과 관련된 일을 해오고 있다. 만나는 사람 역시 물의 개발, 관리, 보존 등과 관련이 있는 분들이 대부분이다. 30년 넘게 명절이나 휴일 가운데 며칠을 빼고 생의 대부분을 물과 씨름하며 살았다. 그동안 강산이 정말 세 번쯤 바뀌었는지는 확인치 못했지만 상전벽해桑田碧海, '뽕나무밭이 푸른 바다로 바뀔 만큼'의 커다란 변화와 함께한 것만은 분명하다.

그렇다고 온종일 물속에서 지냈다는 얘기는 아니다. 물을 공부하고, 가르치고, 급기야는 국가 물관리의 한 축을 담당하는 기관의 경영까지 맡다 보니 물과 함께하는 생활이 일상이 되었을 뿐이다. 시간과 장소와 사람을 가리지 않고, 일 년 내내, 국내에서나 해외에서나 신경을 온통 물에 집중하는 일이 힘들거나 고통스럽지는 않은지 묻는 사람도 있다. 쉽고 편하지만은 않았지만, 어려움을 감내할 만한 보람과 기쁨과 성과가 있었다고 얘기하고 싶다. 허세를 조금 보태면 물 덕분에 삶과 일에 대한 만족도가 높아진 셈이랄까.

물은 세상을 알고 또 헤쳐 나가는 데 큰 힘이 되었다. 미당未堂 서정주徐廷柱 시인의 표현을 빌려 말하면, '나를 키운 건 8할이 물'

이다. 물을 공부하며 물이 역사, 문화, 과학, 기술, 공학, 수학, 철학, 예술 등 우리 삶의 대부분과 서로 통한다는 사실을 알게 되었다. 알면 알수록 더욱 재미를 느끼게 했고, 한층 즐거운 세계로 나를 이끌었다. 물에서 배운 것을, 비록 그것이 얕은 지식이건 심오한 지혜건 누군가에게 주거나 나눌 수 있는 것도 큰 기쁨이었다.

물을 통해 세상을 보는 일은 기쁨이면서도 보람이었다. 어려움 앞에, 갈등의 복판에서, 결정의 기로에서, 도무지 모호하게만 보이는 길 위에서 내 중심을 잡기 힘들 때 물은 큰 힘이 된다. 물이 가진 덕성이나 여러 가지 특성, 빗방울에서 시작해 상황에 따라 천변만화千變萬化 천 가지 만 가지로 그 표정을 바꾸면서 강을 거쳐 끝내는 바다에 이르는 물의 모습은 지혜가 되고 도움을 준다.

물을 통해 세상을 보려면 물의 본성이나 특성에 각자의 삶과 현실을 대비해 해답을 구해 보면 된다. 물 때문에 누군가와 만나는 일은 세상의 변화, 시대의 변화, 인간 욕구의 변화를 알게 해준다. 물 문제를 해결하고자 조언을 듣고 협조를 구하고 협력과 상생의 방법을 찾는 과정에서, 정말 중요한 것이 무엇인지를 새롭게 깨닫는 일이 잦다. 이해와 공감, 역지사지易地思之 즉, 처지를 바꿔 생각해 보는 정신, 절충과 조화, 신뢰, 상호성과 자발성, 정작 일의 성공 여부를 결정짓는 열쇠는 이 속에 있는 경우가 많다.

물은 때로 가치 있는 삶을 위한 좋은 스승이 된다. 우리 삶의 어떠한 순간도 쓸모없는 순간은 없다는 것을 깨우쳐 준다. 유연하고 겸손해라, 어울려라, 정확하게 판단해라, 언저리만 맴돌지 마라, 과하거나 넘치면 탈이 난다 등의 가르침은 삶을 더욱 가치 있고도 풍요롭게 한다. 또한, 어떠한 판단을 내릴 때 그로 인해 발생할 수 있는 위험을 알고 있는지, 일이나 사물이 가지고 있는 두 얼굴을 직시하고 있는지, 위기를 기회로 바꿀 전화위복의 방안은 없는지 등에 대한 질문을 던진다.

천변산책川邊散策, 물가에서의 사색의 시간은 탐구와 성찰, 반성과 사유思惟의 훌륭한 안내자가 된다. 다양한 형태의 갈등에서 비롯된 사람들의 분노와 야유와 조롱을 잠시 잊고, 자신과 상대방이 처한 상황과 문제를 깊이 들여다보게 한다. 그동안의 미진함과 앞날의 불안에서 벗어나, 우리의 눈길이 다시 내일을 향하도록 한다. 지금 나나 우리가 진정 잘 살고 있는 것인지, 제대로 가고 있는 것인지를 상기시키고 환기시켜 준다.

사회가 발달하면 할수록 복지로서의 물의 중요성은 더욱 커져간다. 인간 생존에 필수적인 최소한의 물 서비스는 경제적 능력이나 사회적 지위 등에 관계없이 모든 사람에게 중단 없이 제공되어야 한다. 그래야만 모두가 공평하게 행복을 누릴 수 있기 때문이다. 물은 끊임없이 묻는다. 우리가 어떤 미래를 꿈꾸는지, 물복지 시대를 열 준비가 됐는지, 지금 이대로 머물러 있어도 괜찮은지 등을 묻고 있다.

질문은 끝없이 이어진다. 변화하고 커져만 가는 국민 그리고 소비자의 요구에는 어떻게 부응할 것인지, 현대 스마트 시대에도 과거 농경시대나 산업시대의 물관리는 여전히 유효한지, 옛것은 사라졌는데도 새것은 왜 아직도 보이지 않는지, 침체된 경제에 활력을 불어넣는 데 물을 앞세울 방안은 없는지, 내일을 충분히 그리고 면밀히 고려하고 물을 관리하고 있는지 등을 말이다.

살아온 시간의 대부분을 물과 함께했다고 해서, 나의 '물 이야기'를 꼭 눈여겨보라고 말하기는 어렵다. 식상하거나 지겨울 수 있다. 어쩌면 잘난 체하는 것으로 보일지도 모르겠다. 그러나 물이나 물 문제, 물의 미래에 조금이라도 관심이 있는 사람이라면 흥미를 느끼고 의미를 찾을 일이 아주 없지는 않을 것이라고 믿는다. 집필을 생각한 건 오래되지 않았다. 어느 날 문득 '물과 함께한 지난 60여 년의 생각과 경험을 담아 책을 펴내면 어떨까' 하는 생각이 들었다.

대단한 역작을 꿈꾸지는 않았다. 가볍고 편하게 접근해 보고 싶었다. 내용이야 그동안 물을 공부하고 가르치고, 현재의 물관리 전문기관에서 국가 차원의 실제 물관리를 수행하는 과정에서 얻은 나름의 철학과 경험과 사례, 노하우 등이 중심이 될 수밖에 없다. 오랜 동행을 통하여 발견한 물의 오묘한 모습과 실체를 더 많은 사람들과 나누고 싶었다. 모두에게 물을 좀 더 깊이 생각해 보는 시간을 드리고 싶었다. 더 많은 분들이 물복지의 실현에 관심을 가져주기를 바랐다. 물을 두고 다투는 사람들에게 상생과 화합의 작은 안내서를 제공하고 싶은 바람도 있다. 개인적으로는 물과 씨름해 온 지난 세월을 정리하여 스스로를 깨우치는 기회로 삼고자 하는 욕심도 있다.

물 분야의 실용학문을 공부했고 아직도 공부 중인 학인學人으로서, 그리고 국가경제 발전과 국민의 안전 및 행복에 앞장서는 공공기관의 CEO로서, 이 책이 후학과 후배, 물의 미래에 주목하는 많은 분들에게 도움이 되기를 소망한다. 무엇보다 물복지시대의 개막을 앞당기는 데 얼마만큼이라도 기여했으면 좋겠다.

마지막으로 이 책에는 신문, 잡지, 인터넷 등에 내가 발표한 칼

렴과, 살아오는 동안 새겨듣고 기억해 둔 여러분들의 가르침이 일부 포함되어 있음을 밝혀둔다. 그리고 인터뷰와 격의 없는 대화 등을 통하여 나의 두서없는 이야기를 초벌정리해 준 한국수자원공사(K-water) 비서실 및 홍보실 직원들, 그동안 나와 함께 활동해 왔고 교감을 가져오면서 갖고 있던 자료와 사진들을 함께 모으고 정리해 준 지인들과 출판사 '문학의문학' 관계자 여러분께 진심으로 감사드린다.

2016년 1월

계족산 연축골에서

최계운

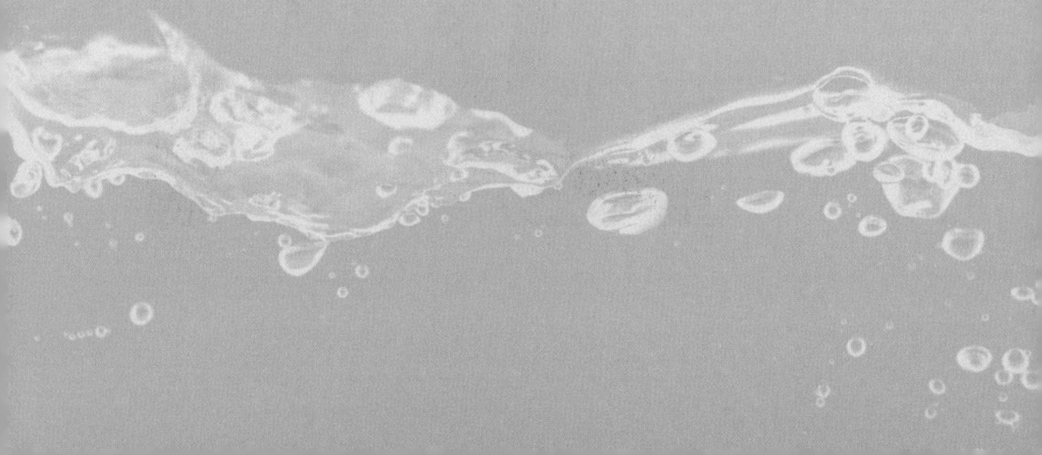

1장

내 오랜 동행, 물과 함께함을 뒤돌아본다

물은 어떻게 내 삶의 중요한 의미가 되었나?

'물' 하면 사람들은 먼저 무엇을 떠올리게 될까? 새벽같이 출근하는 직장인에게는 눈뜨자마자 찾게 되는 한 잔 냉수이기도 하고, 주부에게는 설거지나 빨래에 들어가는 수돗물이기도 하고, 어부에게는 파도치는 바다이기도 하고, 농부에게는 하늘의 비나 농업용수이기도 하고, 산업현장에서는 기계를 돌리는 에너지이기도 하고, 국경이나 지역을 가로지르는 곳의 주민들에겐 생존의 의미이기도 하고, 어쩜 시인에게는 샘솟는 영감의 원천이기도 할 것이다. 나에게 물은 그 모든 것이기도 하고 그 이상이기도 하다. 그것은 내가 물과 인연을 맺어온 이후 강단과 현장에서 줄곧 물과 관련된 일을 해왔고, 이제는 우리나라의 물관리를 책임지는 자리에 있는데다, 앞으로도 물과 함께 내 남은 생의 전부를 다하겠다고 결심한 터이기 때문이다.

오늘날 많은 이들에게 물은 특별한 의미를 주지 않을는지도 모른다. 물 없이는 살 수 없다는 것은 알지만, 물에 대해 굳이 생각하거나 공부하지 않아도 특별히 불편한 게 없기 때문이다. '물에

스페인 바르셀로나 카탈루냐 공과대학교에서 강의 중인 필자

대해 굳이 더 알아야 하나?', '수돗물이 펑펑 나오고 홍수나 가뭄 때문에 세상이 시끄럽지 않게 정부에서 특별관리하고 신경 쓰면 우리야 된 거 아닌가?'라고 반문할 수 있다. 입 밖에는 내지 않더라도 속으로는 그렇게 여길 수 있다. 탓할 생각은 없다. 그 또한, 소위 물 전문가이자 한국수자원공사(K-water) CEO를 맡고 있는 내가 들어야 할 소리이고, 국민들의 물에 대한 기존 인식을 바꾸는 데 일조를 해야 할 책임이 나에겐 있기 때문이다.

누군가가 시인을 일러 '발견하는 사람'이라고 했다. 세상에 존재하지 않는 것을 창조하는 사람이 아니라, 원래 있었지만 남들이 미처 찾아내지 못한 것을 보기 때문이라고 한다. 나에게는 물이 그런 존재라고 해도 좋을 것이다. 물은 예전부터 있었고 어디에나 있고 누구나 가까이 할 수 있다. 지구가 존속하는 한 앞으로도 그럴 것이다. 살아오며, 그런 물에서 나는 많은 것을 보게 되었다. 물론 시인처럼 남들이 미처 찾아내지 못한 것을 발견한 것은 아니다. 나 아니어도 숱한 사람들이, 보다 현명하고 지적이고 통찰력이 있는 사람들이 고대에서 현대에 이르기까지 물에 대해 연구하고 물을 이용하고 물에서 답을 구해 왔다. 나는 그들을 통해 물에 접근했고, 거기에 내 개인적 체험과 나름대로의 지식과 식견을 보태 물의 군단에 합류하게 되었다. 그리고 물에 대해 알고자 그토록 노력하자 물이 작은 응답을 해왔다고나 할까.

물은, 선한 의지와 공동체의 개선에 대한 용기가 있다면 자신을 잘 이용해 보라고 답해 왔다. 그것은 어진 소리였다. 선인들과 역사의 입김이 배어 있는 소리였다. 나는 그러한 역사의 긴 물줄기와 닿아 있는 당대의 삶 속에서, 물에 관한 이런저런 책임을 맡는 중책과 그 중책에 걸맞게 물에 관한 실제적인 정책 입안과 물의 활용 방안을 강구해 볼 수 있는 행운을 누려왔다. 세상의 다른 무엇보다 물에 감사해야 할 사람이 나라고 할 수 있다.

물이 곧 나 자신은 아니지만 나는 물의 일부라고 말할 수 있다. 그것은 내 몸의 상당 부분이 물로 이루어져서만은 아니다. 내 생각, 내 지식, 어쩜 내 영혼이 물의 영역에 내포되어 있기 때문이다. 감히 말하자면 물은 나를 있게 했고 앞으로도 나를 있게 할 것이다. 나는, 물과 함께 선하고 공정한 공동체의 삶을 이룩하고자 다짐한다. 물의 나라에선 누구도 제왕이 아니다. 모두가 소중한 이웃이자 사회의 구성원일 뿐이다. 따라서 나는 이 글을 '나'에서 시작해서 '우리'로 끝맺고자 한다. 그것이 내가 이 책을 쓰는 이유 중의 하나라고 해도 좋을 것이다.

나는 경기도의 한 시골에서 태어났다. 자라면서 또래의 동무들과 물가에서 어울려 노는 일이 잦았다. 지금처럼 영상물이나 장난감이 넘쳐나지 않은 시절이다 보니, 산이나 들판이나 개울이나 바닷가가 아니면 마땅히 놀 곳이 없었다. 어른들은 생계에 바빠서 아이들이 무엇을 하고 있는지 살피고 간섭할 겨를이 없었다. 다행이라면 요즘과는 달리 함께 어울릴 친구가 많았다는 점이다. 우리는 시간만 나면 친구들과 어울렸고, 물가야말로 놀기에 가장 만만하고도 손쉬운 장소였다. 여름이면 여름대로 겨울이면 겨울대로,

초등학교 수학여행에서, 필자 뒷줄 가운데

계절과 밤낮의 구별 없이 물가는 우리의 주 활동무대였다. 그때의 물은 그저 놀기 좋은 것이었지, 거창하게 삶과 연관해 생각해 볼 대상은 아니었다. 어쩜 미처 깨닫지 못해서 그렇지, 그때의 우리의 동심은 가장 물과 닮은 형태였는지도 모른다. 물의 순수성, 거기에서부터 우리는 기성가치의 온갖 혼탁을 담아오고 이제는 그것을 걸러내느라 또 애를 먹고 있는지도 모른다.

놀이터나 친구에 머물렀던 물이 다른 의미로 다가온 것은, 어른들이 물에 빗대 하는 말들이 조금씩 귀에 들리기 시작하고부터였다. 어른들, 특히 노인들은 자주 말씀하셨다. '세월이 유수 같다.', '인생이 강물 같다.', '궂은 땅에 물이 괸다.', '물 쓰듯 해선 안 된다.', '윗물이 맑아야 아랫물이 맑다.', '깊은 물에 고기가 모인다.' 등 물과 관련한 수많은 얘기를 듣게 되었고, 이는 내가 물에 대해 점점 더 생각을 하게 되는 계기가 되었다. 생각에 잠기는 때가 많았던 수줍고 내성적인 성격도 영향을 미쳤을 것이다. 물에 대해 생각하면 할수록 궁금한 게 많아졌고, 공부하면 할수록 더 궁금해졌다. 내 또래들보다는 물에 대해 제법 많이 알게 되었지만 그 정도로는 성에 차지 않았다. 나는 정말 물에 대한 모든 것을 알고 싶었다.

물은 결국 내가 세상을 보는 눈이 되고 평생의 동행이 되었다. 사실 물을 폭넓고 깊게 알지 못해도 살아가는 데는 별 지장이 없다. 물론 많이 알수록 삶에 도움이 되는 건 맞다. 이는 춤과 음악에 빗대어 설명할 수 있다. 따로 배우고 익히지 않아도 누구나 춤과 음악을 즐길 수 있다. 둘 다 몰라도, 어느 한쪽만 알아도 문제될 것은 없다. 춤과 노래 모두 젬병이지만 나름대로 즐겁게 살아가는 나 같은 사람이 이를 증명한다. 그러나 춤과 음악을 더 많이 알고 익힐수록 더욱 재미있고 색다르게 삶을 즐길 수 있는 것 또한 틀림없다. 그럼 물도 과연 그러한 것일까. 굳이 설명하자면, 우리의 생명을 고양시키고 삶의 질적 개선을 이루는 장구한 즐거움이라고 하면 과언일까? 물을 알수록 우리는 또 다른 차원의 삶에 눈뜨게 된다고 감히 말할 수 있다. 약장수가 아니라 물장수가 나섰다고 한들 이 발언을 거둘 생각이 없다. 사실이 그러하기 때문이다.

어릴 때부터 키워왔던 물에 대한 관심은 결국 대학에서 토목공학을 전공하고 대학원에서 수리학 석사학위를 받는 선까지 이어졌다. 그리고 선진국의 축적된 연구를 알고 싶어 도미渡美하여 박사 과정을 밟게 되었다. 공부하는 과정이 순탄하지만은 않았다. 일본의 지배와 한국전쟁으로 피폐화되어 버린 땅과 삶을 억척스럽게 일궈 이제 막 도약하려는 대한민국에서 온 청년에겐, 미국과 미국의 대학세계는 너무도 크고 높았고 적응하는 데도 시간이 걸렸다. 이에 방황의 시간도 있었다. 그러나 내 가슴엔 도전이라는 말이 눈을 뜨고 있었다. '보릿고개'가 무섭던 시절, 옛 어른들은 힘들면 힘들수록 씨앗심기에 더 마음을 모았다. 자식들과 미래를 생각했기 때문이다.

나도 힘들수록 더욱 물 공부에 매진했다. 물 자원의 개발과 관리를 통한 경제발전이 절정을 달리던 국내 상황은 먼 이국에서도 물의 내일을 확신하게 했다. 나는 조국의 미래가 산업발전과 함께 물의 관리와 이용에 달려 있다고 나름대로 확신하였다. 이 확신은 나를 물의 세계로 더 깊이 이끌었다.

예로부터 공부는 입신양명의 가장 확실한 수단이었다. 그러나 공부가 개인의 야심을 충족시키는 차원에 머물러서는 참된 공부라 할 수 없다는 것이 또한 옛사람의 자세였다. 그 자세는 세대를 넘어 면면이 이어져 내려오고 있고, 오늘날 국내뿐 아니라 전 세계 학자들이 공부를 통해 세계인의 삶을 개선시키고 더 나은 지구를 후손들에게 물려주고자 애를 쓰고 있음을 우리는 알고 있다.

미국유학 시절 콜로라도 주립대학교 대학원 동료들과 함께

나의 물 공부는 어떻게 이어졌냐고 물으면 뭐라고 답해야 할까? 내가 배운 지식의 한계 내에서 나름대로 지혜를 짜내 대학에서 제자들을 열성으로 가르쳐 왔다고 자부해도 되는지 스스로 물어본다. 그 세월이 20여 년이 훌쩍 지났고, 내가 가르친 제자들은 이제 전공분야의 전문가가 되어 관공서에서 기업에서 또는 학교에서 예전에 내가 그랬던 것처럼 열정을 갖고 일하고 있다. 나 또한 대학에 재직할 때나 대학을 떠나 지금의 한국수자원공사(K-water)의 CEO로 있으면서 내가 가진 지식을 물과 관련된 모든 일에 연결시키고 있다. 다른 나라의 물 문제 해결에 아이디어를 보태는 일도 게을리 할 수 없다. 내가 우리나라와 세계의 물 사정에 조금이라도 보탬이 되었을까? 감히 자문해 보기도 한다.

장주莊周의 꿈을 말하면 웃겠지만, 물이 내 인생의 영원한 동반자가 된 것은 되돌릴 수도 부인할 수도 없는 분명한 사실로 굳어지고 말았다. 물로 된 안경을 쓰고 세상을 보고, 일 년 365일 물과 더불어 살아가는 지금의 생활이 그것을 증명하고 있다.

물안경을 쓰고 세상을 바라보다

사람은 어느 정도 나이가 들면 삶이나 세계에 대한 제 나름의 견해를 가지게 된다. 지식과 경험 등이 쌓이면서 생각과 감정과 행동과 의지 등에 기초한 하나의 의미 있는 사상체계가 짜지는 까닭이다. 세상을 보는 눈, 현상과 의미를 해석하는 잣대라고나 할까. 그 사상체계는 흔히 말하는 세계상이나 세계관과 가깝고, 행동규범이나 인간, 자연, 사회 등을 모두 아우른다. 전통이나 교육, 유행 등에 많은 영향을 받지만, 기본적으로는 각자의 환경과 생활에 기초를 두기 마련이다.

내게도 세상을 바라보고 해석하는 눈이 있다. 이 눈은 동시대 사람들의 평균적인 눈과 크게 다르지 않다. 굳이 말하자면, 물로 된 안경을 끼고 세상을 바라보는 경우가 많다고나 할까. 이 안경은 물을 공부하고 물을 생각하며 물과 더불어 살아온 환경과 생활 덕분에 끼게 된 것이다. 물과 함께한 오랜 시간 속에 나도 모르게 씌어진 안경이라고나 할까. 고성능의 값비싼 안경이 아니라, 조금은 다른 눈으로 세상을 보게 해주는 안경인 셈이다.

물로 된 안경이라지만 이는 물에 대한 관심의 강도나 집중도와 관련이 깊다. 옷을 사려는 이의 눈길이 사람들의 옷차림에 집중하고, 미용실을 다녀온 사람의 눈길이 행인들의 머리에 머무는 것과 통한다. 차이는 있을 것이다. 관심이 얼마나 오래 지속되고 관심의 대상이 고정적인지 아니면 바뀌는지 여부와 관련이 있는 차이다. 흔히 신도시나 산업단지의 개발계획이 발표되면 사람들은 부동산가치 상승이나 투자 여부에 주목한다. 나라고 해서 그런 관심이 없지는 않지만, 이보다는 어떻게 늘어난 물 수요를 감당하고 그 많은 오, 폐수의 처리는 어떻게 할 것인지 등에 먼저 생각이 미친다.

물부터 먼저 생각하고, 물을 중심으로 세상을 보는 일이 반드시 옳다고 믿지는 않는다. 자칫 편협해지거나 자가당착에 빠질 경우도 없지 않을 것이다. 그러나 내게는 물안경을 끼고 세상을 보는 일이, 상황판단이 어렵거나 생각이 어지러울 때 분명 도움이 된다. 물과 관련한 숱한 갈등의 답안을 찾는 일을 보자. 수많은 주장이 있고, 다양한 해법이 난무한다. 뒤얽힌 이해관계 속에 최선의 답을 찾는 일은 너무나 어렵다. 어떻게 할 것인가. 이럴 때 '흐르고 흘러 끝내는 바다에 이르는 물'을 생각해 보면 도움이 된다. '바다'의 자리에 '국민이나 절대다수의 편익'을 놓고 모범답안을 찾아보는 것이다.

살아가면서 많은 문제를 헤쳐감에 있어서도 물은 좋은 길잡이가 된다. 물은 아래로 흘러가는 과정에서 조금이라도 우묵한 곳이 있으면 건성으로 지나치거나 적당히 건너뛰는 법이 없다. 조금이라도 이상이 있어 보이면, 물이 흘러가는 모습에 견주어 하나하나 짚어보는 방법이 매우 유용할 수 있다. 이는 또한, 사람이 뜻을 세워 추진하는 모든 경우에 적용할 수 있다. 결과를 서두르지 말고 빈틈없이 착실하게 일할 것을 주문한다. 부단不斷과 항상恒常은 물의 주요 특징이다. 스스로에 대한 경계와 단련을 위한 좋은 지침이 될 수 있다.

마음을 울리는 미담美談은 갯버들 늘실대는 아름다운 강물을 연상케 하고, 가슴 벅찬 기쁜 소식은 햇살을 받아 황금빛으로 빛나는 봄 호수를 떠올리게 한다. 안타깝고 좋지 않은 소식은 하수

고향 마을 한복판을 흐르던 개울을 다시 찾았다.

처리장에서라도 깨끗이 정화했으면 하는 바람을 가지게 하고, 사람의 의지로도 어찌할 수 없는 불행한 소식을 듣게 되면 '물결이 다하는 곳까지가 바다'라고 강변하고 싶어진다. 세상의 만연한 불공정과 불평등 앞에서도 물을 생각하며 숨을 고른다. 홍수나 가뭄 같은 대변혁이 더 나은 세상을 위한 정답이 되는 경우는 결코 많지 않다. 대담한 비전과 큰 그림이, 마른 들녘을 적시는 물처럼 조금씩, 하나씩, 천천히 나아가는 것보다 현명한 태도라고 꼭 볼 수도 없다.

이밖에 오랜 노력에도 성과가 미미할 때 '물방울이 돌을 뚫는다.'는 수적석천水滴石穿을, 지나간 일에 미련을 버리기 어려울 때는 '엎지른 물은 다시 담을 수 없다.'는 복수불반분覆水不返盆을, 혼자만으로 해결이 어려운 상황을 타파하기 위해서는 '물이 모여 큰 내를 이룬다.'는 수적성천水積成川을 생각해 보는 것도 좋은 방법이 된다. 유연하고, 겸손하고, 부드러우며, 남의 더러움을 감싸고 정화해 주는 등의 물의 덕성은 처세나 난국돌파에 실마리를 준다.

물로 된 안경을 쓰고 세상을 보는 일을 설명하기는 간단치 않다. 먹고살 만해도 때때로 쓸쓸하고 불안한 것이 사람이다. 외롭거나 쓸쓸할 때면 물을 생각해 본다. 물의 눈으로 세상을 다시 보려 애쓴다. 그렇다고 딱 부러지는 답이 구해지기야 할까마는 답을 찾는 과정을 도움 받는 것만 해도 힘이 된다 할 수 있다.

유년기, 물은 나에게 소리 없이 다가왔다

앞서 얘기한 것처럼 내 고향은 경기도 화성의 한 시골이다. 시골에서 자란 대부분의 아이들처럼 물에 관한 추억이 많다. 40여 가구가 모여 사는 작은 마을로, 개울을 사이에 두고 둘로 나뉘어져 있었다. 내가 살던 쪽에는 10여 가구가 있었다. 개울이 있었고 거기엔 징검다리가 놓여 있었다. 평소에는 왕래에 별 문제가 없었지만, 큰비가 오면 걱정이 많았다. 징검다리가 물에 잠겼고, 왕래가 어려워져 꼼짝없이 갇혀서 지내야 했기 때문이다. 위험을 무릅쓰는 경우도 있었다. 어른들은 물에 잠겨 보일 듯 말 듯 하는 징검다리를 바지를 접거나 치마를 걷어 올리고 건너다니기도 했다. 물살이 빠르게 흐를 때는 어른들도 균형 잡기가 쉽지 않았다 .

초등학교(당시는 국민학교) 입학 전이었다. 장맛비로 물에 잠긴 징검다리를 건너다 크게 놀란 적이 있다. 두 살 위인 작은형과 수박을 나눠 들고 물에 잠긴 징검다리 건너기를 시도했다. 징검다리가 보일 듯 말 듯 했지만 잘하면 건널 수 있을 것 같았다. 사실 무리였다. 돌다리를 두세 개 건넜을까. 거센 물줄기를 못 이겨 형과 나는 거의 동시에 물살에 휩쓸렸다. 수박에는 신경 쓸 겨를도 없이 사투를 벌이며 떠내려가다 가까스로 뭍으로 올라올 수 있었다. 목숨을 건질 수 있었던 것은 형제가 서로 잡은 손을 끝내 놓지 않았던 덕분이기도 했다. 이후 한동안은 넘실거리는 개울만 봐도 겁에 질렸다.

그때는 지금처럼 산에 나무가 많지 않았다. 큰비가 내리면 어김없이 황톳물이 개울을 온통 뒤덮었다. 먹는 물도 큰 문제였다. 부엌 뒤편에 깊이 10여 미터가 넘는 우물이 있었는데, 홍수 때면 우물은 온통 흙탕물로 변했고 깊이도 1미터가 채 안 됐다. 끓이지 않고는 마실 수가 없었다. 가뭄 때는 상황이 또 달랐다. 물이 말라 우물은 바닥을 보였고 두레박으로 길어 올리기도 여간 힘든 게 아니었다. 한 번 길어 올린 다음 한동안이 지나야 다시 두레박으로 물을 뜰 수가 있었다. 물이 많아도 문제였고 물이 없어도 고생이었다.

집 앞 개울이 무섭고 불편했던 것만은 아니었다. 장마철이 지나가고 본격적인 더위가 찾아오면 친구들과 어울려 수시로 개울을 찾았다. 개울 곳곳에는 수심이 웬만큼 되는 움푹한 곳이 많았다. 옷을 벗고 또래들과 우르르 몰려가 풍덩풍덩 몸을 던지며 시

고향집 뒷마당 우물 곁에서 어린 시절을 회상하다.

간 가는 줄도, 뙤약볕에 까맣게 그을리는 줄도 모르고 놀았다. 비 지난 뒤의 고기잡이도 묘미였다. 비가 내려 하천에 물 폭풍이 휩쓸고 간 뒤 수위가 내려가면, 개울은 우리만의 천국이 되었다. 동네 친구들과 작은 체나 엉성한 그물을 들고 송사리. 붕어, 미꾸라지 등을 잡았다. 평소에는 보이지 않다가 비가 오고 나면 보이는 걸로 봐서는 하류에서 거슬러 올라온 것 같았다.

가끔 대문 앞까지 물이 차는 경우도 있었다. 그럴 때면 대문 앞에서 미꾸라지가 잡히기도 했다. 나는 미꾸라지가 비를 타고 하늘로 올라가다가 떨어진 것으로 생각했다. 눈과 얼음 또한 신나는 놀이거리였다. 개울이나 논에서 썰매를 지치고 친구들과 눈싸움을 하며 시간가는 줄도, 추운 줄도 모르고 놀던 기억이 새롭다. 그때만 해도 눈이나 얼음이 물의 또 다른 모습이라는 건 생각하지 않았던 것 같다.

가뭄은 큰 고통이었다. 가뭄이 들면 채소밭에 물을 길어 날라야 했고, 그 일은 몹시 힘들었다. 어른들이 개울 곳곳을 막아 가둬둔 물을 물지게로 길어, 몇 번이나 배추밭과 무밭에 뿌려줘야 했기 때문이다. 중학생 무렵 양수기가 들어왔다. 개울에서 끌어올린 물을, 길게 늘어놓은 비닐호스를 통해 밭이나 논에 댔다. 이 비닐호스가 터지지는 않았는지, 누군가 지나다니다 찢지는 않았는지 살피는 일도 우리 몫이었다.

모내기철이면 공부는 뒷전이었다. 선생님 인솔 아래 '일손 돕기 모내기 봉사'를 나가기 일쑤였다. 초등학교 때는 간단한 심부름 정도만 했지만 중학교부터는 실제 모내기에 참여했다. 특별한 추억도 있다. 모내는 논 한복판에서 여학생을 놀리며 장난친 것이 풋

물 주는 일이 그토록 힘들었던 배추밭

중학교 졸업식, 화환 두른 학생이 필자

꿈을 키우던 모교(정남중학교) 교정에 서서

내 가득한 로맨스로 발전해 교실을 달구기도 했다. 풋사랑에 들뜬 가슴은 때로 유치찬란한 시를 쏟아내는 시인을 탄생시키기도 했다. 뜨거운 듯 미숙한 이런 시의 탄생지를 추적해 보면 풍경 좋은 외진 시냇가인 경우가 많았다.

농번기에는 짧은 방학이 주어졌다. 부모님을 도와드리라는 특별한 방학이었다. 모든 집이 바쁜 때라 품앗이가 어려웠고 일손이 크게 부족했다. 나는 아버지를 도와 물꼬 보는 일을 주로 했다. 누군가 우리 논의 물을 빼가지 않았는지 밤새 살피면서 남보다 먼저 우리 논에 물을 대어야 했다. 서로 자기 논에 먼저 물을 대려는 다툼은 흔한 일이었다. 두려움이나 아름다움을 주는 심미적인 대상이거나 신나는 놀이터였던 물이, 어느 날부터 생존을 위해 지켜야 하고 쟁취해야 하는 자원으로 둔갑한 셈이다.

이때까지의 물은 하나의 자연현상이거나 때가 되면 같은 양태로 되풀이되는 모습이었지, 문제의식을 품을 만한 특별한 무엇은 아니었다. 문제가 있어도 시간이 지나면 자연스럽게 잊히거나 해결될 줄 알았다고나 할까.

청년기, 물은 나에게 새로운 도전으로 찾아왔다

조금 머리가 커서 만난 저수지는 색다른 경험이었다. 놀이를 넘어 일종의 문화를 접할 수 있었다. 주말이면 친구들과 저수지로 몰려갔다. 투망이나 그물로 물고기를 잡기 위해서였다. 허탕을 칠 때도 있었고, 가물치나 메기 등을 잡아서 푸짐한 매운탕을 끓일 때도 있었다. 그때마다 친구들과 어울려 밤을 지새우며 이야기를 나누곤 했다. 세상의 일이나 장래의 포부가 단골주제였다. 저마다의 형편과 사정, 좋아하는 여학생을 놓고 고민을 나누기도 했다. 가끔 괜한 일로 싸움도 했다. 저수지 옆 친구네 집 마당에 멍석을 깔고 누워 바라보던 별빛 가득했던 하늘이 눈에 선하다. 물은 생

이제는 논과 공장으로 변한 고향의 저수지를 다시 찾았다.

존과 생활이자 문화였고, 요즘 말로 '힐링'이었다.

대학생이 되어 경험한 도시생활은 낭만과는 거리가 있었다. 무엇보다 물맛이 달랐다. 수돗물은 염소鹽素 냄새가 났고 미지근했다. 한여름 한 바가지만 끼얹어도 뼛속까지 시원하던 시골집 우물물과는 달라도 한참 달랐다. 시골과 같은 가뭄의 어려움은 보지 못했지만, 몇 번 겪은 물난리는 시골과는 도무지 비교가 어려울 지경이었다. 홍수로 죽는 사람이 생겼고, 피해도 엄청났다. 가재도구가 거리를 둥둥 떠다녔으며, 부엌과 방에 들어찬 흙탕물을 바가지로 퍼내고 흙을 긁어내야 했다. 물로 인한 재난은 도농都農을 가리지 않았지만, 도시의 물 문제는 시골보다 훨씬 심각했다.

대학에서 토목공학을 전공하면서 물의 또 다른 모습이 조금씩 보이기 시작했다. 그동안 물의 한쪽 면만을 보았다면, 서로 이어져 있는 다른 면을 함께 볼 수 있게 된 것이다. 개울은 하천으로, 웅덩이는 크고 작은 저수지로, 저수지는 댐으로 바꾸거나 확장해 볼 수 있게 되었다.

비가 오지 않을 때도 하천에 물이 흐르는 것은 지하수 덕분이라는 사실도 알게 되었다. 지표면에서 증발한 수증기가 모여서 구름이 되고, 구름은 다시 비나 눈이 되어 내리고, 빗물과 눈 녹은 물이 흘러 하천과 강을 거쳐 바다로 흐르며, 이 과정에서 증발한 물이 다시 수증기가 되어 같은 일을 무한히 반복한다는 사실도 알게 되었다. 토목공학의 역사가 수자원개발에서 시작되었다는 것과 수자원은 본디 사람의 정주Settlement와 복지Welfare를 근간으로 한다는 것을 명확히 알게 되었다. 물에 관심은 있었지만, 물의 근본을 따지는 수리학水理學나 수문학水文學에 대한 흥미가 컸다고 할 수는 없었다. 무조건 외우고 보는 식의 공부를 싫어했던 영향도 있었을 것이다. 나는 어떻게 해서든지 적게 외우고, 외운 것을 중심으로 다른 공식을 유도해 내는 공부를 좋아했다. 덕분에 단시간에 많은 문제를 풀어야 하는 시험에서는 수많은 공식을 달달 외운 학생들과 다른 답을 종종 내놓기도 했다.

대학원에 진학하면서 물에 대한 시각과 생각이 크게 달라졌다. 물과는 떼려야 뗄 수 없는 관계도 맺게 되었다. 나의 길이 물에 있을 것이라는 믿음도 갖게 되었다. 막연했지만 그랬다. 세계적인 물 재난, 물자원의 고갈, 우리나라의 불리한 물관리 여건, 미래대비를 위한 수자원 확보와 물에 대한 전문지식의 필요성 등에 점차 눈을 떴기 때문이다. 미래를 위해 보다 깊이 있는 물 공부가 필요하다고 생각했고, 모두가 어렵다고 여기는 문제들에 도전해 보고 싶었다. 어릴 적 물 때문에 겪었던 여러 형태의 어려움과 고통을 해결하는 데 나의 힘을 보태고 싶다는 욕구도 있었다. 물자원의 개발과 관리 등을 통해 경제발전에 매진하던 국내 상황과 폭발적인 중동 붐도 내 물 공부에 영향을 미쳤다. 중동은 물이 부족했고, 석유라는 엄청난 위력의 자원을 손아귀에 쥔 중동은 물을 확보하기 위해 막대한 투자와 노력을 쏟고 있었다.

물이 내 평생의 동반자로 자리 잡았다

배움의 대상이었던 물이 평생의 동반자로 자리를 잡게 되면서 물의 더 많은 얼굴을 보려고 애쓰게 되었다. 평화의 상징인 양 고요하게 지내다가도 별안간 질풍노도로 변하는 모습에 주목했다. 한없는 노력으로 끝내는 단단한 돌에 구멍을 뚫는 낙수의 끈기와 인내에 주목했다. 오아시스의 역할에 주목했고, 수십, 수백 미터를 파 내려가 맑은 물을 퍼 올려 마침내 가뭄을 이겨내는 인간의 노력과 기쁨에 주목했다. 얼음과 눈을 보면서 녹았을 때의 상황을 보고자 애썼고, 바닷물을 놓고는 깨끗한 민물로의 변신을 고민했다. 끊긴 길을 만나면 물길을 이을 방안은 없는지 살폈고, 남는 물을 서로 나눠 쓸 방법도 강구했다.

내 가장 큰 관심은 물이 가지는 사회성이다. '빨리 가려면 혼자 가고 멀리 가려면 함께 가라.'는 말처럼, 상류와 하류가 어울려 사는 곳과 그렇지 못한 곳의 차이는 생각보다 크다. 유럽의 몇몇 국가는 국가 간에도 각종 협력과 논의를 통하여 별 문제없이 물을 잘 활용하고 있는 반면, 우리는 지역 간에도 갈등 때문에 얼굴을 붉히는 경우가 많다. 혼자 산다면, 하류에 무슨 일이 있는지 관심을 가질 이유가 없다. 하천을 마음대로 막거나 얼마든지 오염시켜도 아무 문제가 없을 수도 있다. 그러나 그럴 수는 없다. 인간은 사회적 동물이고, 우리 모두는 서로 어울려 살아가기 때문이다. 배려와 협력이 있어야만 공동체가 유지되고 번영할 수 있다.

살아온 세월과 삶의 연륜이 쌓이고, 물과 함께한 시간이 길어지면서 물의 특성과 우리 인생이 서로 닮거나 통한다는 생각을 많이 하게 된다. 생각에서 나아가 물의 덕을 배우려는 노력을 계속하고 있다. 더 나은 내일과 노년의 충일한 삶을 위해 아끼고 저축하는 우리의 모습은, 언제 닥칠지 모르는 가뭄에 대비해 물그릇을 준비하는 것과 크게 다르지 않다. 한 방울의 물은 아무것도 아닐 수 있지만, 한 방울 한 방울이 모여 커다란 강을 이루면 이겨내지 못할 장벽이 거의 없게 된다. 사람도 마찬가지다. 한 사람의 개인으로는 결코 해낼 수 없는 일도, 수많은 사람이 무리를 이뤄 협력하면 쉽게 해결할 수 있다.

물을 적절히 개발하면서 사랑하고 깨끗이 보존하는 일은 미래세대와 인재를 키우는 일과도 상통한다. 옛말에 '태산의 언덕에는 쓰임새 많은 소나무와 쓸모없는 가죽나무가 함께 자라고, 달인의 문하에는 잘난 자와 못난 자가 함께 있는 법'이라 했다. 자연의 무조건적인 보존이 정답이 아니듯, 시기와 처지에 맞는 적절한 교육은 사람의 능력이나 역량을 키우는 데 보탬이 된다. 인재의 진로나 건강 등에 대한 세심한 배려는 장기적이고 왕성한 활동, 높은 성과와도 밀접한 관련이 있다. 물의 개발이나 보존과 관련한 여러 실패사례를 우리 삶을 위한 좋은 교훈으로 삼을 수도 있다. 미리 대비치 못해 입은 홍수 피해, 계획 없는 난개발로 인한 뜻밖의 재난, 하나만 보고 둘을 보지 못해 일어난 사고 등이 그 예다. 이는 '노인은 자신이 두 번 다시 젊어질 수 없다는 것을 알고 있지만, 젊은이는 자신이 늙는다는 사실을 잊고 산다.'는 유대 속담과 도 일치하는 부분이 있다.

물과의 오랜 동행으로 얻은 결론은 하나다. 물의 미래를 위한 새로운 접근이 필요하다는 것이다. 물복지시대 개막을 위해서는, 물을 보는 시각과 물을 다루는 방법에 일대 혁신이 필요하다는 점이다. 그리고 이는 몹시도 어렵다. 물의 길은 복잡하고 끝이 없는데다가 깊이 파고들수록 더욱 어렵다. 물이 어떻다는 걸 배우기는 쉽지만 한번 가진 시야나 견해를 바꾸기는 힘들다. 뒷사람이 앞사람의 길을 따라만 해서는 숙련은 가능해도 창조는 불가능하다. 해답은 물에 대한 끊임없는 질문과 그 질문에 대한 답을 찾는 끈질긴 노력을 통해서만 얻을 수 있다.

삶의 거울로 물을 들여다보는 기회를 갖다

물 전문가로, 물과의 동행을 직업으로 삼아 수십 년을 살아오며 거듭 느끼고 깨달은 것은, '물이 우리 인생과 놀랍도록 닮았고 서로 통한다는 점'이다. 천변만화千變萬化, 천 가지 만 가지로 모습을 바꾸는 물에는 생로병사生老病死나 희로애락喜怒哀樂을 비롯한 인간 삶의 다양한 모습이 고스란히 들어 있다. 또한 온갖 도전과 장애를 뚫고 끝내는 바다에 이르는 물의 모습을 통해서는 삶을 대하는 태도가 어떠해야 하는지 등에 대한 해답을 얻을 수 있다.

물은 바다를 향해 흐른다. 바다가 물의 목표라고 말할 수 있다. 물론, 물의 행로는 결코 직선적이거나 순탄하지만은 않다. 물은 순환한다. 과학이 증명하고 널리 알려진 사실이다. 그럼 인간은 과연 어디를 향해, 무엇을 목표로 살고 있는 것일까. 이는 쉽게 답할 수 있는 문제가 아니다. 사람마다 다를 수 있고, 모든 사람이 각자의 목표나 지향점을 명확히 하고 있다고 볼 수도 없다. 부를 좇는 사람, 명예나 권력을 추구하는 사람, 막연하게 그저 행복이 목표인 사람, 건강이 최우선인 사람 등 실로 다양한 부류의 사람이 있을 수 있다. 또 어떤 사람은 이 모두를 한꺼번에 쥐는 것이 목표일 수도 있다. 이처럼 다양하고도 모호한 것이 인간의 삶이지만, 그래도 저마다 나름대로는 '삶의 완성'을 바란다. 빗방울이 어느 곳에 떨어져도 결국에는 바다를 향해 흐르는 것처럼 말이다.

눈에 보이는 물의 일생은 직선에 가깝다. 빗방울에서 시작해서

우리나라 물관리의 총본산, 한국수자원공사(K-water) 통합물관리 상황실에서

개울과 시내와 호수와 크고 작은 강을 거쳐 바다에 이른다. 그러나 물은 다양한 형태의 변화와 흐름을 가지고 있다. 태양열이나 지열 등에 의해 계속해서 수증기로 변해 공중으로 올라가 구름이 된다. 구름으로 뭉친 수증기는 무게를 감당할 수 없게 되면 눈이나 비가 되어 땅과 바다로 떨어진다. 땅속이나 동식물의 몸속까지 쉬지 않고 들락거리면서 끊임없는 순환을 되풀이한다.

물은 이처럼 끊임없이 돌고 돌지만 지구상의 물의 총량만큼은 지구 생성 이후 한 방울도 늘거나 줄지 않았다. 가뭄과 홍수, 추위나 더위 등의 변화만으로도 생명체의 운명이 좌우되는 현실을 생각하면, 물의 총량 불변은 얼마나 신비롭고 다행한 일인가. 물이 무한히 순환한다는 사실은 또한, 재미있는 상상을 가능하게 한다. 세종대왕이 어느 날 아침 세수한 물이나 을지문덕 장군이 수나라 대군을 물리치고 칼 씻은 물, 항일 독립군들이 눈보라 휘날리는 북간도에서 흘린 눈물이 지금 내 몸이나 주변의 꽃과 나무, 짐승이나 새의 몸속에 흐를 수도 있기 때문이다. 더 멀리는 유럽이나 아메리카나 아프리카나 아시아의 어느 젊은 여인이 두레박으로 길은 우물물이 우리의 핏속에 흐르고 있는지도 모를 일이다. 이는 사실이기도 해서 오늘날의 모든 생명에는 인류의 역사와 선인들 삶의 물줄기가 쉼 없이 흐르고 있다고 해도 과언이 아닐 것이다.

물이 우리 인생과 닮았고 서로 통하는 점이 많다는 건 앞에서도 얘기한 바 있다. 물은 우리 삶에 큰 영향을 미칠 뿐 아니라, 때로는 생존과 번영까지 좌우한다. 물에 대해 많이 그리고 깊이 알수록 보다 의미 있는 삶을 영위할 수 있는 가능성이 높아진다고 할 수 있다. 그렇다고 누구나 물에 대해 전문적인 지식을 갖춰야 한다고 주장할 생각은 없다. 다만, 우리가 물에 대해 어느 정도 알고 있다면, 물의 중요성이나 가치를 인정하고, 오늘의 물이 해결해야 할 여러 문제를 가지고 있다는 것을 인정한다면, '물을 대하는 태도에 변화가 필요하다.'는 점은 강조해도 좋을 것이다. 물은 물이고, 사람은 사람이다. 둘은 다르지만 어쩜 다른 이름의 같은 의미일 수도 있다. 사람의 몸이 주로 물로 되어 있다고 해서 꼭 하는 말은 아니다. 물의 성정이 사람의 성정과 놀랄 만큼 닮았기 때문이다.

물은 잘 사귀면 가장 신뢰할 수 있는 친구가 되어준다. 이름 모를 풀꽃도 자세히 봐야 예쁘고, 자주 봐야 사랑스럽다고 어느 시인은 노래했다. 물도 그러하다. 그냥 지나치면 물이 아픈지, 문제가 있는지 알 수 없다. 대처하기는 더욱 어렵다. 물이 하는 말에 귀 기울이다 보면 물의 문제점뿐 아니라 내 마음의 문제점까지 들을 수 있게 된다. 물을 보살피는 것은 또한 자신을 돌보는 것이라고 말해도 될까. 물은 대답이 없다. 그것은 물이 하는 소리를 우리가 듣지 않으려 하기 때문인지도 모른다. 물은 언제나 '그렇다'고 대답해 왔다면 틀린 말일까? 이제 우리가 물의 오랜 요청에 답해야 할 때이다.

물 쉼터

제 가 야 산 독 서 당

題伽倻山讀書堂　　가야산 독서당 제사題詞

고운孤雲 최치원崔致遠

광 분 첩 석 후 중 만 狂奔疊石吼重巒	황망히 바위들을 치달으며 산을 울리는 물소리에
인 어 난 분 지 척 간 人語難分咫尺間	사람의 말일랑 지척에서도 알아듣기 어렵다.
상 공 시 비 성 도 이 常恐是悲聲到耳	옳다 그르다 세상 시비소리 듣기 싫어
고 교 류 수 진 농 산 故教流水盡籠山	짐짓 흐르는 물로 산을 감싸두노나

당나라에서도 크게 인정받은 천재 시인 최치원이 신라의 관직에서 물러나 가야산에 머물 때 지은 시로, 세상사에 환멸을 느낀 고운의 내면 풍경을 절묘하게 드러내고 있다. 물은 겹겹의 바위를 치달으면서 산을 울리는데, 그 물소리로 세상사 시비를 차단하겠다는 것은 드러낸 뜻 외에도, 시비 자체를 가리지 않는 물 자체의 본성까지 내포하고 있다. 이처럼 선현들은 물에서 삶의 본질과 현상을 보는 폭넓은 시야를 길러 왔다.

2장

물과 씨름하며 삶을 맛보다

• 실사구시實事求是, 실제의 사실에서 진리를 찾는 것은 학문하는 모든 사람들에게 중요하고 유효한 가치 가운데 하나다. 공학도들에겐 더욱 그러하다. 배움 그다음은 당연히 현장이 되어야 한다고 믿어왔다. 물을 공부하는 동안 가슴 한편에는,

장 풍 파 랑 회 유 시
長風破浪會有時　　바람 타고 파도 가르며 나갈 때가 되면
직 괘 운 범 제 창 해
直掛雲帆濟滄海　　구름처럼 높이 돛 달고 창해를 건너리라!

시선詩仙 이백李白의 「행로난行路難」 한 구절이 자주 맴돌고 있었다.

배움에 끝이나 완성이 있겠는가. 다만, 평생을 배움만으로 채울 수는 없으니, 어느 정도 공부한 뒤에는 이론과 지식을 현장에 접목해 보는 과정이 필요하다고 생각했다. 그래야만 배운 내용을 실천할 수 있고 새로운 대안을 모색할 수 있으며, 삶의 의미도 찾을 수 있을 것이었다. 대학에서 오랫동안 학생들을 가르치고 또 연구하면서, '가르침에는 스스로의 삶을 보여주는 과정도 들어 있다.'고 믿어왔다. 그렇지 않아도 실험실보다는 현장과 자연이 더 좋았

다. 그래서일까. 공부하고 가르치는 과정에서도 현장으로 눈길을 돌리는 일이 잦았다.

시민의 한 사람으로서, 그리고 물을 공부하고 가르치고 연구하는 전문가로서, 직접 현장에 뛰어들어 가장 큰 열정을 쏟았던 물 관련 활동은 크게 두 가지였다. '인천하천살리기'와 '몽골 희망의 숲 조성'이 바로 그것이다. 2003년 '인천하천살리기 추진단'을 결성하고, 2004년부터 2008년까지 인천광역시 정무부시장과 함께 공동단장을 맡아 4년 동안 사업과 조직을 공고히 하는 임무를 수행했다. 물 문제를 포함한 인천의 환경문제에 대한 각계 여론을 수렴하고 바람직한 정책대안을 모색하기 위해, 지역의 환경전문가 등이 참여하는 '인천환경원탁회의'도 만들었다. 그리고 이를 통해 몽골의 황사발생 지역에 '희망의 숲' 조성사업을 시작했다.

하수도를 하천으로 바꾸는 역사役事를 시작하다

인천의 하천을 되살리는 일은 불가능을 현실로 바꾸는 것에 버금가는 일이었다. 사람들은 인천에도 하천이 있는지 의아해했다. 급격한 도시화와 산업화로 찌든 인천의 하천은 하수도 그 자체였던 것이다. 그러나 이는 인천의 원래 모습을 되찾는 일이었다. 시민이 보고 즐기며 추억을 되새길 수 있도록 함과 동시에 새로운 미래를 꿈꾸는 문화공간을 만드는 일이기도 했다. 이런 장소를 더 이상 외면하거나 버려둘 수는 없었다.

❙ 하천인가, 하수도인가?

당시 인천의 하천은 볼품이 없었다. 인천에 큰 산이나 깊은 계곡이 없다 보니, 하천도 그만그만한 개울뿐이었다. 서른 개가 넘는 크고 작은 하천이 있다지만, 서울의 변방도시로 성장해 온 인천의 역사적인 특성상 하천 환경에 대한 고려는 매우 취약했다. 특히, 서울에서 밀려나 인천에 정착한 공해공장이 배출하는 각종 오염물질과 처리되지 못하고 흘러나오는 하수 때문에 대부분의 하천은 하수도나 다름없었다.

하천은 보이지 않고 하수도만 즐비했다는 표현이 맞을 것이다. 하천의 대부분이 건천乾川이기도 해서 장마철이 아니면 물을 구경하기가 힘들 정도였다. 인천시가 '100% 하수처리'를 목표로 두면서, 하수를 모아 하류에 집중된 하수처리장으로 하수관을 매설하면서 개울로 흐르는 물이 모자라게 되었고, 직선만 고집하는 수로공사는 하천의 물을 곧장 갯벌로 빠져나가도록 했다. 시궁창 하천엔 해충이 들끓었고, 악취만 가득했다. 시민들은 끊임없이 민원을 제기하였고, 시민들의 관심은 자연스럽게 하천복개로 집중되었다.

환경의 중요성에 눈뜬, 환경에 관심이 높은 시민들 사이에서, 인천의 하천을 이대로 내버려둘 수는 없다는 주장이 계속해서 나오기 시작했다. 그러면서 공감대가 커져갔다. 1992년 '리우데자네이루 유엔 환경개발회의'에서 나온 '의제21Agenda21'도 정부나 지자체, 시민사회에 커다란 자극제가 되었다. 각계각층이 지속 가능한 개발에 눈뜨기 시작했던 것이다.

대학에 부임하면서 시작된 고민

1994년 가을에 한국수자원공사(K-water)에서 인천대학교로 직장을 옮겼다. 당시 지인들에게 가장 많이 들었던 이야기는, '물 전문가가 하필이면 변변한 하천 하나 흐르지 않는 인천으로 가느냐?'는 것이었다. 오랫동안 물을 공부하고 물을 연구한 사람에게, 바닷물 말고는 알 만한 강물 하나 흐르지 않는 인천이 어울려 보이지 않았던 모양이었다.

그러나 내 생각은 달랐다. 하천은 비록 빈약해도, 바다를 생각하면 인천은 물의 도시고 발전 잠재력이 무한하다고 봤다. 하다못해 한강의 하류를 끼고 있으니, 인천 본래의 모습을 되찾는다면 팍팍하고 오염된 공업도시의 오명을 벗고 쾌적한 환경의 선진도시로 거듭날 수 있다고 믿었다. 결국 인천과 나는 서로에게 큰 의미가 되어주었다.

대학은 배우고 가르치는 곳이다. 그리고 대학과 지역사회는 교류하고 협력해야 할 파트너다. 지역은 긍지와 자부심을 갖고 대학을 응원하고, 대학의 풍부한 인적, 물적 자원이 지역사회의 자원으로 효과 있게 활용될 때 파트너 관계는 더욱 공고해진다고 할 수 있다. 나는 대학이 인천 발전과 시민 행복증진의 원동력 구실을 맡아야 한다고 생각했다. 개인적으로도 하천 살리기 등 물과 환경의 변화를 이끄는 일에 관심이 컸다. 산업사회로의 급속한 변화를 거친 우리 사회가, 지속 가능한 발전을 추구하는 시대적 상황에 처해 있는 점도 영향을 주었을 것이다.

하천 환경의 회복과 문화기능 강화에 특히 관심을 가진 이유는, 인천의 하천오염이 워낙 심한데다, 우리 삶에서 하천이 차지하는 비중과 중요성을 깊이 인식하고 있었기 때문이다. 세상을 사람의 몸에 비유하면 산은 뼈대요 하천은 핏줄이다. 핏줄이 우리 몸 곳곳에 산소와 영양분을 나르는 것처럼, 하천 역시 다양한 모습으로 저마다의 역할을 수행한다. 그런데 그 당시 인천의 하천은 역할을 수행하기는커녕 도시 발전과 시민의 행복한 삶을 가로막는 장애가 되고 있었다.

변화가 절실했다. 하천은 크기, 길이, 장소, 위치 등이 달라도 제각기 쓸모가 있다는 사실을 잘 알고 있던 나는, 인천의 모든 하천이 존재의 이유를 되찾고 역할을 다하길 바랐다. 시민의 사랑 속에 끊임없이 흐를 수 있기를 소망했다. 그리고 그러한 결과를 이루기 위해 앞장서서 의미 있는 역할을 하고자 노력했다.

불가능에 도전하다

1992년 브라질 리우데자네이루에서 열린 유엔환경개발회의UNCED는 '환경적으로 건전하고 지속 가능한 발전ESSD'이라는 이념을 정했다. 그리고 이의 실천을 위해 국가 및 지방정부 차원의 '의제21Agend21' 수립을 권고했다. 세계가 이에 주목했다. 1998년 인천에도 '인천의제21'이 생겨났다. 물분과의 위원장을 맡아 인천 하천의 미래목표를 정한 다음, 이를 바탕으로 하천살리기의 중요성을 알려 나갔다.

많은 사람들이 인천의 하천을 되살리는 일을 불가능한 일로 여겼다. 하천 생활환경기준에서 정한 보통 정도의 하천이 BOD(생물학적 산소 요구량) 5ppm 이하인데, 당시 인천의 하천은 BOD 80ppm 넘는 곳이 흔할 만큼 썩고 오염되어 있었기 때문이다. 그

많은 사람들의 참여와 공감, 지지가 필요했다.

러나 나는 이 일이 꼭 필요하고, 더는 늦출 수 없다는 확신을 갖고 있었다. 몸이 아프면 치료를 해야 마땅하듯, 병들고 오염된 인천의 하천을 외면하고 방치할 수는 없는 일이었다. 아픈 원인을 찾아 제거하고 새살을 돋아나게 하는 노력이 뒤따라야 했다. 인류 문명도 개선과 노력을 통해 발전해 오지 않았던가. 조금씩 호응하고 용기를 보태는 사람이 늘어나는 걸 보는 일이 나에겐 큰 보람이었다.

더 많은 사람들의 지지가 필요했다. 하천오염도 조사와 세미나, 토론회, 심포지엄을 수십 차례 넘게 열어 인천 하천의 복원 가능성을 호소했다. 마침내 주민들의 마음이 움직였다. '세계 물의 날' 행사를 계기로 하천살리기에 대한 시민 참여가 더욱 늘어났다. 하천 대청소에 참여한 수천 명의 시민들이 인천의 하천이 안고 있는 문제점과 해결책에 관심을 보였다. 문제는 행정기관 쪽이었다. 요지부동, 도무지 꿈쩍도 않는 행정 쪽의 문제로 몇 년을 허비해야만 했다. 사실 교수는 기본적으로 현실사회의 이러저러한 문제에 대해 이론적 대안을 제시하고, 학생들로 하여금 이에 대처토록 하는 간접참여자라고 할 수 있다. 그러나 당시의 상황은 나를 그러한 입장에 그치지 않게 만들었다. 먼저 나서야 했고 주도해야 했으며 또한 뛰어다녀야 했다.

하천 살리기는 행정기관의 강한 의지와 직접적, 실질적인 주도 없이는 일정한 성과를 내기 어려운 일이다. 개괄적인 방침과 각종 지원책이 요구되기 때문이다. 게다가 하천복개에 한정된 시민들의

남동 유수지 활용 및 수질개선을 위한 시민토론회

관심을 생태, 문화, 역사 등을 두루 고려하는, 장기적이고 거시적인 관점으로 확장시키는 일도 생각보다 쉽지 않았다.

❙ 민관 거버넌스를 추진하다

계획이나 발표만으로 오염되고 황폐화된 하천이 살아날 리가 없다. 계획은 실천되어야 하고 실천을 위해선 구체적인 행동이 따라야 했다. 그러나 과거 관 주도 형태의 하천살리기 사업은 시작부터 무리가 따랐다. 어느 특정인의 의견에 따른 무리한 설계 등으로 주민과 상당한 마찰을 빚곤 했다. 이러한 상황을 타파하기 위해선 민관 파트너십을 바탕으로 사업을 전개할 필요가 있었다. 그래야만 시민과 함께하는 하천 살리기 사업으로 정착될 수 있고, 시민들에

하천살리기 추진대회에서 선서하는 시민대표

의한 지속적인 모니터링과 관리 또한 가능하기 때문이었다.

인천경실련, 인천의제21 등에 위원으로 참여하면서 1998년부터 민간차원의 하천살리기 운동을 전개하고, 사업의 구체화를 위한 준비작업을 몇 년 동안 이어갔다. 2003년 7월에 '인천하천살리기 추진단 구성 준비위원회'를 결성했으며, 이어서 9월에 '인천하천살리기 추진단'을 구성하였다. 민과 관이 같이 근무하는 형태가 가장 바람직하다는 데 각계가 의견을 같이했다. 조금씩 성과물도 만들어졌다. 시민과 지자체, 전문가 사이에 존재하는 시각의 차이를 합리적으로 조정하면서, 효율적이고 체계적인 사업실시를 위한 기반이 조금씩 준비되기 시작했다.

민관 거버넌스Governance의 토대를 굳건히 하기 위해서는 무엇보다 조례제정이 시급했다. 시청과 시의회를 수도 없이 드나들었다. 수많은 모임과 토론이 이어졌다. 꼬박 밤을 새는 경우도 비일비재했다. 가족보다 '하천살리기 추진단'을 함께 준비하는 사람들과 더 자주 만났고, 더 많은 대화를 나누었다. 오죽하면 그들과 헤어질 때, "집에 다녀오겠습니다." 하고 인사를 했을까. 마침내 그 해 12월, 국내에서 사례조차도 없던 '인천광역시 하천살리기 추진단 구성 및 운영조례'가 만들어졌다. 조례제정을 통하여, 자치단체장이 바뀌어도 '하천살리기 사업'이 안정적으로 추진될 수 있도록 하였고, 민관 거버넌스에 의한 효율적 하천살리기 사업 추진을 위해 민관공동사무국을 설치할 수 있는 근거도 마련하였다. 2004년 5월, 마침내 수질 및 수량을 담당하는 관련부서의 공무원과 NGO가 한 사무실에서 근무하는 사무국이 구성되었다. 승기천, 굴포천, 공촌천, 장수천의 4개 하천별 네트워크를 갖춰 각 하천별 시민들의 의견을 수렴하였다. 전문가 풀로 구성된 기획조정위원회의 기술적인 검토를 거친 다음에, 인천광역시 행정부로 하여금 추진단에서 제시한 의견을 반영하도록 하는 시스템으로 운영이 되었다.

하천의 복원목표를 명확히 하기 위해서 각 하천별 테마를 제시했고, 시민들을 하천전문가로 양성하는 하천아카데미를 열었다. 인천의 청소년들이, '지역을 흐르는 모든 하천은 곧 나의 하천'이라는 주인의식을 가질 수 있도록, 인천청소년 하천체험 캠프를 개최했다. 이 밖에 하천설계와 더불어 하천살리기 시민운동 붐을 일으키기 위해 여러 일들을 동시에 진행했다. 국내에서 유례를 찾기 어려운 '민관공동 인천하천살리기 추진단'은 이렇게 구성되었다. 이로써 우리 손으로 '물잠자리가 맴도는 아름다운 하천을 만들겠다'는 뜨거운 의지는 돛을 활짝 펴고 순항하는 듯했다.

삐걱거리며 절망하다

하지만 '산 넘어 산'이랄까. 고되고 어렵고 맵고 쓰기까지 한 간난신고艱難辛苦 끝에 탄생한 추진단 앞에는 그동안 밟아온 고된 과정 못지않은 험로險路가 기다리고 있었다. 행정기관과 민간분야가 사업방향을 둘러싸고 엇박자를 보였다. 조례를 제정해 지원근거가 마련되었음에도, 6개월 동안이나 지원이 이루어지지 않는 바람에 일부 행사나 사업이 차질을 빚었다. 심지어는 사무국에서 쓸

하천네트워크 순회간담회

복사용지 한 장, 볼펜 한 자루가 없어 각자 주머니를 털어 마련하기도 했다. 행정부서 간 갈등으로 사업이 답보상태에 머무르기도 했다.

하천살리기 사업은 본격적인 항해를 시작하기도 전에 높은 풍랑을 맞았다. 예산 확보방안이나 사업 우선순위 등에 대한 결정도 없이 자연 친화형 생태하천 조성계획이 속속 발표되었다. 시민들의 사업 참여방안에 대한 고려 없이 관 주도 사업으로 기우는 모습도 보였다. 행정부서 간 주도권 다툼도 초기단계서부터 표면화되었다.

'하천살리기 추진단'이 출범하기 약 5개월 전인 2003년 4월에, 인천시 건설방재과는 240억여 원이 투입되는 '굴포천 친수하천 단장계획'을 발표했다. 굴포하수처리장 차집관거 준공으로 유지용수가 없어진 굴포천의 수질 악화를 막기 위한 것이었지만, 이는 예산도 확보되지 아니한 상태에서 나온 계획이었다. 수질보전과가 추진하는 '자연형 하천살리기 사업'에 선수를 빼앗기지 않으려는 졸속계획이라는 지적이 잇따랐다.

당시 인천시는 '승기천 살리기 사업'과 관련해 일정액의 예산을 확보해 기본 및 실시설계에 들어간 상태였다. 이에 따라 두 사업의 우선순위를 놓고 혼선이 생기고, 건설방재과가 들어 있는 건설교통국과 수질보전과가 들어 있는 환경녹지국 등 행정부서 간에도 불협화음이 일었다. 조직이 이원화되고 추진 주체는 양분되었다. 민간 측 대표였던 나는, 당시 추진단 사무국 운영 및 지원과 관련해 인천시 건설교통국장을 면담하고, 건설방재과와 수질보전과를 통폐합해 하천과를 신설하는 방안 등을 논의했다. 인천시는 행정자치부 승인이나 중앙정부 예산지원의 어려움 등을 거론하며 난색을 보였다.

인천광역시의회 내 의원 절대다수(26명 중 24명)의 서명을 받아 발의한 '인천광역시 하천살리기 추진단 구성 및 운영조례안'이 해당 상임위원회에서 만장일치로 부결되는 어처구니없는 일도 있었다. 민간대표를 추진단 부단장으로 격하해 민관파트너십을 깨고자 하는 조직개편안이 나오기도 했다. 하천설계가 민간 측과 상의 없이 일방적으로 추진되면서 주민들과 갈등을 일으켜 중단되기도 했으며, 조례제정 후에도 관련 공무원 파견과 예산지원이 이루어지지 않자 더 이상 나갈 수 없다고 절망하는 사람들이 계속 늘어갔다.

그래도 옆에 고마운 사람이 있어 다시 힘을 내다

세상에 저절로 이루어지는 일은 없다지만, 인천의 하천을 자연생태가 살아 있는 아름다운 공간으로 탈바꿈시켜 시민들이 언제든지 찾아와 즐길 수 있도록 하기는 정말 쉽지 않았다. 이러한 소박한 바람에도, 우리 앞에 기다리는 것은 냉엄하고 가혹한 현실이었다. 선善한 의도가 반드시 좋은 결과로 이어지는 것은 아니라는 것을 새삼 깨달아야 했다.

지인들조차, '왜 이런 일을 스스로 떠맡아 고생을 하나', '마음 다치고 건강 상해 가며 일해 봤자 보답은커녕 욕만 얻어먹을 텐데', '이 시간에 다른 보람 있는 일을 해라' 등 말리고 충고하기 일쑤였다. 결코 만만치 않은 상황이 계속되면서 그만 포기하거나 몸을 빼고 싶은 충동이 일어날 때가 적지 않았다. 이런 가운데서도 자포자기하거나 길을 헤매지 않을 수 있었던 것은 두 가지 이유 때문이다.

하나는 내가 가진 믿음이었다. 인천의 하천을 살려내는 일이 정말 중요하고 시급한 일이라고 굳게 믿고 있었다. '지금, 여기에서, 다함께' 시작하는 것이 옳고 또 가장 바람직하다고 확신하였던 것이다. 다른 하나는 사람이다. 하천살리기 운동의 취지와 시급성과 필요성, 나의 뜻과 열정과 노력을 십분 이해하고 공감하면서 응원해 준 사람들이다. 어렵고 힘들다고 느낄 때마다 그들은 나에게 다시 한 번 힘과 용기를 주었다. 제자와 학생, 함께 일한 시민사회 분들과 지역 언론, 활동 중에 만난 수많은 시민들, 중요한 고비에서 힘을 실어준 인천광역시장을 비롯한 지역 내 오피니언 리더들이 그들이다.

활동에 참여해 함께 땀 흘리며 헌신한 제자들과 학생들은 더할 수 없는 든든한 응원군이자 버팀목이었다. 왜 이 일을 하는지 잘 알고 있었고, 누구보다 나를 믿어주었다. 각계각층의 사람들을 만나느라 바쁜 나머지 자칫 소홀히 할 수 있는 각종 자료나 할 일을 꼼꼼히 챙겨주었으며, 현실의 벽에 막혀 힘들어할 때 말없는 응

인천 하천아카데미 교육을 마치고 기념촬영

원으로 용기를 북돋아주었다. 활동 현장에서 만난 시민들의 응원 또한 큰 힘이 되고 추진제가 되었다. 하천을 살리는 일이 일상생활과 행복한 삶에 얼마나 도움을 주는지 다시금 생각하게 했고, 제대로 된 성과를 일궈내야 한다는 책임감을 안겨주었다. 생태나 문화가 살아 있는 하천보다는 하천복개에 더 큰 비중을 두는 사람들을 통해서는 설득과 이해의 중요성을 알게 되었고, 실생활과 밀착한 하천정책의 개발과 추진 필요성 등에도 새로 눈뜨게 되었다.

중요한 고비 때마다 인천광역시장을 비롯한 행정 및 정치지도자들의 도움을 받은 기억도 새롭다. 시민이 바라고 자치단체장이나 주민 대표가 충분히 공감해서 시작한 일도, 실제 추진과정에서는 부서 간, 담당자 간 갈등 등으로 어려움에 처하는 일이 적지 않다. 한번은 의견 대립과 인원 파견을 놓고 민관 파트너십이 크게 흔들리는 일이 있었다. 결국 '하천살리기 추진단' 자체의 존립이 위협받는 지경에 이르렀다. 나는 민간 측 대표로 인천광역시장을 만나 상황을 알리고 검토를 요청했다. 시장은 기획관리실장이 직접 추진상황을 챙기도록 하겠다는 등의 긍정적인 답변을 주고, 실제로 본인이 주재하는 회의를 만들어 교통정리를 해주기도 했다. 많은 공무원들이 귀찮아하고 탐탁찮게 여기는 중에서도 몇몇 공무원들의 진지한 모습은 커다란 위안과 도움이 되었고 처진 어깨를 다시 추스르게 하였다.

점차 공감을 얻다

인천하천살리기의 시작은 '인천의제21'이다. 민간차원의 이 운동에 불씨가 지펴지자 자치단체 차원의 관심이 높아졌고, 인천광역시에서도 '민관 공동의 하천살리기 추진단'을 구성했다. 인천광역시의회 의원 발의로 조례까지 제정돼 전국적인 부러움을 샀다. 하지만 승기천, 장수천 등 인천 하천의 모습은 예전과 크게 달라지지 않았다. 쉬 달라지지 않는 하천의 모습에 언론의 반응은 차가워졌고, 회의적인 시각으로 바라보는 시민도 많았다.

그렇다고 하천살리기를 포기하거나 멈출 수는 없는 일이었다. 모두가 인정할 만한 가시적인 성과를 내놓는 것이 가장 좋겠지만, 오랜 기간에 걸쳐 오염되고 파괴된 하천이 하루아침에 확 달라질 수는 없었다. 하천은 단순한 구조물이 아니라, 생활과 생태와 문화와 역사 등 인간 삶에서부터 자연까지 이어진 일종의 유기체이기 때문이다.

지역의 많은 민간사회단체와 함께 시민들을 만나 '도랑 치고 가재 잡고 멱 감던 추억의 하천, 풀 냄새와 꽃향기 물씬 피어오르던 하천'을 우리 힘으로 찾아오자고, 시민 모두가 힘을 모으면 꼭 그렇게 만들 수 있다고 설득했다. 그리고 실제로 하천현장을 시민들과 함께 돌아다니며 우리의 노력으로 조금씩 달라지는 하천들의 변화를 확인했다. 비록 몇 송이지만 하천 주변으로 꽃들이 피어 있는 것을 보고는 감격하고, 작은 물고기들이 비치고 잠자리가 날아다니는 광경엔 가슴이 뭉클했다.

신문, 방송 등의 언론과 지역여론을 주도하는 다양한 사람들을 만나는 일도 빠뜨릴 수 없었다. 인천하천살리기가 '너무 일찍 터뜨린 샴페인', '엔진 없는 자동차'가 되어 주저앉지 않도록, '추진동력推進動力'을 배가할 수 있도록, 시민과 행정당국이 더욱 호흡을 일치시켜 재미와 보람을 느끼며 일할 수 있게, 보다 생산적인 조언과 건설적인 방향제시를 부탁했다. 행정당국에는 하천살리기를 장기

그토록 바라던 승기천 자연형 하천 조성사업의 시작

장수천 미꾸라지 방류행사

적, 환경친화적 시각에서 바라보고 추진하고 지원해 줄 것을 여러 차례 호소했다. 주도권 싸움이나 예산문제, 부서 이기주의 따위로 시민에 대한 책임을 저버리지 말자고 부탁, 호소, 애원했다.

차차 공감하는 사람이 늘어났다. 획기적인 변화라고 보기는 어렵더라도 여러 하천에 작은 성과들이 나타나기 시작했다. 장수천 등의 하천을 찾아 자연을 관찰하고 물을 즐기는 사람도 하나 둘 늘기 시작했다. 안양천 같은, 인천보다 늦게 시작했음에도 성과는 더 빨리 거두고 있는 다른 지역 사례가 자극이 되기도 했다. 무엇보다 '왜 하천을 살려야 하는지, 누구를 위한 일인지, 각자가 어떻게 행동해야 하는지'에 대한 인식이 보다 확고해졌다. 다시 강조하지 않아도, 하천살리기가 우리 자신과 후손을 위한 일임을 저마다 마음속에 심어두고 있었다.

힘든지 모르고 열정을 쏟았다

'원하는 삶을 선택한 사람들은 자신의 삶에 좀 더 치열한 법'이라고 했다. 힘든지 모르고 열정을 쏟아 헌신적으로 일하기 위해서는 그 일을 해야 하는 이유를 알고, 또 그 일을 하는 것이 바르고 옳다는 굳은 신념이 뒷받침되어야 한다. 거기에 재미와 개인적인 인연 등이 더해지면 더욱 땀 흘려 일할 수 있다.

인천하천살리기 운동에 참여한 사람들의 얼굴은 늘 열정과 헌신으로 빛났다. 그들은 자신이 태어나거나 자랐거나 현재 생활하고 있는 지역의 하천을 다시 살려내는 일에, 참여하고 힘을 보태고 주도한 사실만으로도 자부심과 긍지에 차 있었다. 수많은 어려움과 끝도 없이 계속되는 온갖 장벽에 주저앉을 만도 했지만, BOD 80ppm을 기록하던 시궁창을 꽃이 자라고 물고기가 살고 시민들이 찾는 아름다운 하천으로 바꿀 수 있다는 믿음 하나로 버텨냈다. 나 또한, 매달 한 차례 이상 세미나와 심포지엄을 열어 주요정책 등을 결정하고 최신기술을 알리고 이해관계자들 간의 이견을 조정해야 했다. 하천별 네트워크 등을 통한 설명회, 전시회, 하천 가꾸기, 환경교육을 주최하고 참여했다. 이밖에도 하천아카데미, 하천 거버넌스 포럼, 하천 역사 바로알기, 청소년캠프 등 하천살리기 사업의 원활한 추진과 사업 내실화를 위한 일은 도무지 끝이 보이지 않을 정도였다.

하루에도 몇 차례나 계속되는 각종 회의와 면담으로 목이 쉬는 일이 다반사였다. 하천현장에서 지내는 시간이 길어지면서 햇볕에

타서 얼굴 피부가 벗겨지는 일도 있었다. 등만 닿으면 졸기 일쑤였고, 너무 지쳐 보이는 모습 때문에 가족들의 걱정을 샀다. 그러나 이 모든 것은 별 문제가 되지 않았다. 아마도 내 마음속 굳게 자리 잡은, 하천에 대한 애정과 열정이 나를 이끌었기 때문이리라. 하천이 이렇게 도움의 손길을 내밀고 있었고, 나에게는 하천을 살릴 여러 지식과 기술이 있었다. 시민 삶의 질을 높이고 대한민국이 조금이라도 더 낫게 변하게 하는 데 기여하는 일은, 다른 어떠한 일보다 내게는 보람찬 과제였다.

공촌천의 청정지역을 알리는 행사에서

한 자락의 끝을 맺었다

도시 하천은 어린이와 비슷하다. 항상 보살피고 배려하며 보존하지 않으면 금세 더럽고 오염된 예전 모습으로 돌아갈 수 있다.

이 때문에 오염과 파괴로 흉물이 되고 시민들의 곁에서 멀어진 도시 하천을, 생태와 문화와 휴식이 함께하는 하천으로 되살리는 일은 일회성 행사에 그쳐서는 안 되는 것이다.

1998년부터 시작된 인천하천살리기 운동은 2003년 7월 29일 준비위원회, 같은 해 9월 26일 '민관합동 인천광역시 하천살리기 추진단' 구성, 동년 12월 23일 전국최초 조례통과 등을 거치며 중요한 단락을 맺었다. 이어서 맑은 물이 흐르는 하천을 시민의 품으로 돌아오도록 하기 위한 노력이 이어졌고, 이러한 노력은 오늘 이 시간에도 계속되고 있다.

준비위원회가 구성되기 훨씬 이전부터 상당한 실질적 성과를 내기까지, 10년 가까이 인천하천살리기 운동에 직접적이고 주도적으로 참여해 왔다. 구체적인 실행계획을 짜고, 네트워크를 구성하며, 사업의 내실화에 힘써왔다. 이와 같은 일에 관심을 늦추고 있지 않기는 지금도 마찬가지다. 시간을 쪼개서라도 가는 곳의 하천을 돌아보며 현 상황의 개선, 어떻게 가꾸어 가야 할지를 생각한다. 인천하천살리기 운동이 당초 계획하고 기대한 목표의 100%를 이뤘다고 장담하기는 어렵다. 그러나 매우 중요하고도 의미심장한 하나의 단락을 맺은 것은 분명하다.

돌아보면 전국 최초로 민관 파트너십을 통해 하천살리기 추진단을 구성했다. 그동안 관이 주도해 주민의견을 충분히 반영하지 않은 채 일방적으로 진행되던 하천살리기 사업이, 민관 파트너십에 의해 진행되고, 거버넌스 성과 또한 확인할 수 있게 되었다. 조례를 제정하여, 자치단체장이 바뀌어도 하천살리기 사업을 안정적으로

『인천의 하천 이야기』 출판기념회에서

추진할 수 있는 근거도 마련했다. 충분한 설계기간과 사전설명회 등을 통해 효율적이고 합리적인 대안을 마련하고, 각 하천마다 테마를 정하고 이에 따라 하천을 살려나가면서 하천의 고유 특징을 조금 더 나타낼 수 있도록 하였고, 아침과 저녁에 하천변을 걸으며 즐거워하는 주민들을 보면서 마음속으로 흐뭇해하기도 했다.

❙ 아쉬움과 바람을 남기며

2015년 4월, 대통령의 중남미 4개국 순방길에 동행해 페루를 찾았을 때 만난 리막 강Rimac River의 모습은 큰 충격이었다. 페루의 수도 리마를 관통하며 900만 명에게 먹는 물과 전기를 공급하는 강이 쓰레기더미와 오염된 하수, 날리는 먼지, 무너진 제방 등으로 너무나 더럽고 무질서하고 혼란스러웠다. 게다가 악취가 진동했다. 인천의 하천도 그냥 외면하고 방치해 두었더라면 이 강과 크게 다르지 않았을는지도 모른다. 그러나 우리는 힘을 모아 온갖 어려움을 이겨내며 함께 노력했고, 소기의 성과를 거두었다. 고맙고 가슴 뿌듯한 일이 아닐 수 없다.

이러한 성과 못지않게 아쉬움도 느낀다. 특히, 시민참여와 민관협력 분야가 그러하다. 민과 관의 효율적인 활동을 뒷받침하는 제도적 장치와 중앙정부의 지원이 가능한 방향으로의 법률제정이 필요하다. 하천을 살리는 일이 장기적인 사업인 만큼, 자치단체장의 지속적 관심과 적절한 인사배치도 따라야 한다. 계획 후 동원하고 협력을 구하는 것이 아니라, 계획단계서부터 주민들을 참여시켜 실질적인 민관협력을 도모해야 할 것이다.

시민뿐 아니라 전문가, NGO와 언론의 적극적인 참여가 필요하다. 지역사회를 더욱 살기 좋게 변화시키려는 시민사회의 정신, 하천살리기 사업의 필요성과 진행과정을 시민들에게 알리는 언론의 역할이 특히 중요하다. 또한, 하천의 기능이 다양한 만큼, 각 분야 전문가들의 적극적이고 장기적인 참여를 통해 모니터링과 기술검토 등 전문가 역할을 한층 강화할 필요가 있다. 기술인들의 소신 있는 자세도 중요하다. 체계적이면서 합리적인 이론이 뒷받침될 때, 더 많은 이해관계자들을 설득할 수 있고 사업의 원활한 추진도 가능하기 때문이다.

지방정부와 공무원들의 자세 변화도 필요하다. 주관하려 애쓰지 말고 도와주는 입장을 취하는 것이 좋다. 자신이 주민을 위해

봉사한다는 사실을 새롭게 인식해서, 관련 정보를 제때 충분하게 알리려 노력해야 한다. 주도권이나 예산 등으로 직종 간, 부서 간 갈등을 일으키는 일을 경계하는 자세가 필요하다. 지시나 강요가 아닌 이해와 설득이 필요하고, 주민의 의견제시를 귀찮게 여기기보다 고마워해야 한다.

지금도 인천하천살리기 조직은 남아 있다. 그러나 역할과 활동이 미미해진 것이 아쉽다. 특히, 설계를 거쳐 복원한 4개 하천의 현재 모습은 더욱 그렇다.

복원 당시만 해도 맑은 물이 흐르고 사라졌던 물속 생명체들이 하천에 돌아왔으며 수많은 사람들이 하천변을 거닐었는데, 이후 수년 동안 관리가 소홀해지면서 곳곳에 문제점이 발생하고 수질이 나빠진 것을 볼 수 있다. 시민과 행정기관의 관심도 줄어든 듯하다. 이를 볼 때, 방향설정도 중요하지만, 어떤 주체가, 어떻게, 얼마만큼 열정을 가지고 일을 추진하느냐에 따라 그 결과가 매우 달라질 수 있다는 것을 새롭게 깨닫고 실감한다. 오염된 하천을 되살리고자 동분서주東奔西走하며 절박해했던 당시의 초심을 모두가 잊지 말아야 했는데 시간이 가면서 그렇지 않은 것 같아 아쉽다.

앞으로의 하천살리기에 대한 바람이 있다. 환경 친화적이며 종합적인 시각으로 하천을 바라보는 일이 중요하다. 무조건 예산을 퍼붓고 장비를 들이대기보다는 하천이 갖는 다양한 역할을 제대로 이해한 뒤에, 올바른 진단과 대안을 제시하는 게 바람직하다. 다른 지역에서 하천을 잘 바꾸었다고 해서 그것을 그대로 가져와서는 안 된다. 인천에 제2의 양재천이나 제2의 청계천이 반드시 필요한 것은 아니다. 인천에는 인천의 특색에 맞는 하천이 필요하다.

잊지 말아야 할 것은, 오염된 하천의 복원 못지않게 되살아난 하천을 지키는 일이 중요하다는 점이다. 지속적인 행정의 관심과 시민 전문가들의 참여를 유도해, 복원된 하천이 계속 유지되도록 특별한 노력을 기울여야 한다. 지속적인 하천모니터링을 통해서 하천의 변화상을 파악하고 실시간으로 발생하는 문제점들에 대해 보완하고 해결해야 한다. 민관 거버넌스를 통해 하천을 살려냈으면 하천유지관리 역시 민관 거버넌스로 하는 것을 검토해볼 만하다. 하천을 통합적으로 바라보는 시각은 필수적이다.

시민참여를 유도하고 행사 등을 통해 주민들의 연대의식과 소속감을 높여야 한다. 하천의 시설물, 생태, 수질, 공간, 환경훼손 등을 통합적이고 총체적으로 관리해야 한다. 교육 및 실천 활동을 통해 안내자를 양성하고, 청소년들이 하천을 찾도록 이끌어 지역정주의식과 하천을 사랑하는 마음을 키워줘야 한다. 거버넌스 활동이나 네트워크별 상호유기적인 업무협조체계도 튼튼히 해야 한다.

'이기는 사람은 이기고 나서 싸우고, 지는 사람은 싸우고 나서 이기려 든다.'거나 '그림자를 좇아서는 그림자를 잡을 수 없다.'는 말을 깊이 생각해 보게 된다. 현상보다는 원인과 본질을 집중해서 살핀 후, 선제적으로 대응할 필요가 있다. 그게 슬기로운 자세 아닐까. 모두가 알다시피 물 없이 행복한 삶은 불가능하다. 물로부터 큰 혜택을 받은 수혜자로서 물에 대한 고마운 마음을 늘 가슴에

새기면서, 우리 때문에 힘을 잃고 시들어가는 하천을 다시 살려 웃게 만드는 일에 관심과 참여를 늦추지 말아야 하겠다고 다짐해 본다.

몽골사막에 초록의 기운을 심다

물은 순환하고 물의 근원에는 숲이 있는 경우가 많다. 숲은 하늘에서 내리는 눈과 비를 머금었다가 조금씩 아래로 흘려보낸다. 그리하여 시냇물이 되고 개울이 되고 강이 된다. 이러한 흐름이 무질서해지고 단절되는 대표적인 사례가 가뭄이고 사막화다. 가뭄은 생산력을 없애거나 생명이 사라지게 만들고, 사막화가 진행될수록 주변의 공동체는 생계수단을 잃게 된다. 이렇게 되면 전과 같은 생활을 계속할 수 없게 된다.

'인천 희망의 숲 조성 사업'은, 몽골의 그린벨트 간선지역에 나무를 심는 사업이다. 황사를 막고 진행 중인 사막화의 확산을 방지하기 위함이다. 단기간에 엄청난 성과를 내고자 시작한 것이 아니라, 근원적인 문제해결을 위한 작은 불씨나 기폭제가 되기를 바라는 마음에서였다. 아울러 새로운 국제연대의 모델이 될 수 있기를 기대했다. 결과적으로 이 사업은 많은 인천시민과 우리나라 국민들이 환경문제를 글로벌한 시각에서 바라보게 했고, 관심과 참여를 이끌어냈다.

❙ 현장을 확인하기 위해 직접 찾았던 몽골의 두 얼굴

인천환경원탁회의는, 해결이 어려운 인천지역의 환경문제에 대한 여론을 수용하고 바람직한 정책대안을 모색하자는 취지로 2004년에 지역의 시민사회단체와 전문가들이 힘을 합쳐 결성한 단체다. 지금도 그렇지만 당시 인천에서는 황사문제가 커다란 골칫거리였다. 알다시피 황사는 인천이나 우리나라만 잘 대비한다고 해결할 수 있는 사안이 아니다. 중국과 몽골 등 국제공조가 따라야 하는 문제였다.

인천환경원탁회의와 지역여론은, 황사가 아시아 공동의 환경과제인 만큼 이의 해결을 위해서는 밖으로 나가 실상을 알아볼 필요가 있다는 의견을 내놓았다. 매년 봄이면 중국과 몽골에서 황사가 불어오고, 인천은 황사에 따른 미세먼지 피해가 가장 큰 지

몽골 정부와 '인천 희망의 숲 조성'을 위한 MOU 체결

역이었다. 사정이 그러한데도 정부와 지자체에서는 경보발령 외에는 특별한 대책이 없는 실정이었다. 필자는 2007년 인천환경원탁회의 의장으로서 위원들과 여러 번의 협의를 거쳐 황사발원지 탐방을 계획하였다. 황사의 근원적인 문제점이 무엇이며, 이의 해결을 위한 국제연대 방안은 어떠해야 하는지 직접 알아볼 필요가 있었다.

몽골의 첫 인상은 신선했다. 끝없는 초원과 별빛 가득한 밤하늘은 고대의 세계가 그대로 옮겨온 듯 회고적이면서도 낭만적이었다. 처음 경험해 보는 사막은 그 자체로 신기하고 아름다웠다. 금방이라도 생텍쥐페리의 어린 왕자가 다가와 '양 한 마리만 그려달라.'고 말을 붙일 것만 같았다. 장대한 사막 광경이 펼쳐지는 영화 '아라비아의 로렌스'처럼 모험심이 발동하기도 했다.

생각이 바뀐 것은 사막의 모래지형을 걷고, 끝없이 불어오는 모래먼지를 뒤집어쓰고, 사막 접경지역 현지인의 생활상을 직접 보고 난 뒤였다. 일 년에 비가 100㎜도 내리지 않는 지역이 지천이었다. 그들이 힘겹게 살아가는 모습을 보자, 자신이라면 이런 환경에서 얼마나 견딜 수 있을까 하는 자문을 해보지 않을 수 없었다.

현지 가이드 얘기로는, 옛 몽골에는 곳곳에 빗물이 고여 자연적으로 만들어진 호수가 많았다고 한다. 당연히 호수 주변에는 나무나 풀도 제법 자랐다. 몽골정부의 2010년 보고서에 의하면, 최근 30년간 호수 1166개, 강 887개, 샘 2096개가 사라져 황량한 사

'인천 희망의 숲 조성' MOU 체결을 축하하며

막으로 바뀌고 있다고 했다. 숫자도 숫자지만 그러한 현상이 아직도 진행되고 있다는 사실이 안타까움을 넘어 가슴을 아프게 했다. 몽골의 이러한 실상을 통해 물이 얼마나 귀한 자원인지, 모으고 보존하고 활용하기에 따라서 물 사정은 하늘과 땅처럼 달라질 수 있다는 사실을 새삼 확인했다.

2008년부터 나무를 심기 시작한 몽골의 '볼간 아이막[道] 바양노르 솜[郡]' 마을이 있다. '바양노르'는 몽골말로 '물이 많다'는 뜻이다. 그만큼 이 지역은 물이 풍족해서 초지가 잘 형성되어 있었던 곳이다. 그러나 근래 들어 급격한 기후변화로 사막화가 확대되면서 마을 주변의 작고 큰 호수가 말라가며 주민들과 가축이 이용할 물이 점점 사라지고 있었다. 당시 몽골의 호수살리기 연대 시민단체도 사태의 심각성을 인식하고 국제적인 관심과 도움을 요청했다.

❙ 아침 식사시간에 만장일치로 결정한 무모한 몽골 프로젝트

사막접경지역 탐방 마지막 날 아침 식사시간이었다. 이런저런 얘기 중에 누군가 '우리가 본 사막을 이대로 방치해서는 안 되지 않겠느냐.'는 의견을 내놨다. 진지한 얼굴이었지만 숙고 끝에 꺼낸 얘기 같지는 않았다. 그런데도 '맞아!' '그렇지요?' '뭔가 해야죠!' 여기저기서 동의의 목소리가 이어졌다. 그렇게, 탐방에 참여한 환경원탁회의 위원들은 사막을 이대로 방치해서는 안 된다는 데 의견을 같이했다. 그때부터, 국가 차원은 아니더라도 모든 인천시민이 함께 참여하는 협력모델을 만들자는 계획이 시작되었다.

몽골 탐방에서 돌아온 직후 T/F팀이 구성되었다. 팀원은 환경원탁회의 의장이었던 나, 인천환경운동연합 사무처장, 인천YWCA 사무총장, 인천의제21 사무국장, 인천녹색환경지원센터 사무국 담당자 등이었다. 본격적인 실행계획이 윤곽을 드러내기 시작했고, 이로써 황사의 근원인 사막화 및 사막화 확산을 방지하기 위한 국제연대 차원의 나무심기사업인 '인천 희망의 숲' 사업의 첫 단추가 꿰어졌다.

인천시민의 공감과 참여를 위한 공개토론회를 열었다. 황사가 인체에 미치는 영향을 비롯하여 황사발생을 억제할 수 있는 방안

등을 널리 알리고 강조했다. 이는 시민들에게 몽골에 나무를 심어야 하는 이유와 동기를 부여했다. 아울러, 많은 시민이 참여하는 '세계 물의 날' 등 각종 행사를 통해 관련 전시회를 열고 홍보물을 배포하는 등 캠페인을 펼쳤다. 또한, 재원마련 및 모금활동을 위해 대학과 연구소, 시민환경단체 등의 적극적인 참여를 유도했다. 방송과 신문 같은 지역 언론의 대담과 칼럼, 논단 등을 통해 여론을 환기시키면서 붐 조성의 기틀을 닦았다.

인천시민의 희망을 모아 숲을 조성한다는 의미로 사업명을 '인천 희망의 숲'으로 정했다. 몽골지역에 식림 경험이 풍부한 '(사)푸른아시아'와 공동 파트너 협약도 맺었다. 2차 현지답사를 통해 울란바토르 시 외곽 '성긴지역'과 볼간 아이막[道] '바양노르 솜[郡]'을 식림대상지로 선정했다. 1차 목표는 총 12ha 면적에 2만 그루의 나무를 심는 것이었다.

몽골 사막화 및 황사 방지를 위한 조림사업의 막이 열리다.

결국 물 문제가 관건이었다

몽골의 평균 강수량은 연간 200㎜ 정도로 우리나라의 1/6 수준이다. 국토의 90%가 사막으로 변할 위기에 처해 있다. 더구나 강수량의 지역적 편차가 심해, 남쪽의 고비사막은 강수량이 연간 100㎜에도 못 미쳐서 식생이 거의 없고 황사 발생에 대한 아무런 방비가 없는 지경이었다. 우리 정부에서 '몽골그린벨트 사업'을 통해 상당한 예산을 지원하고 있었고, UN과 유럽, 일본 등도 다양한 방법으로 사막화 방지에 나서긴 했지만, 참여가 다소 소극적이고 성과 역시 크지 않았다.

가장 큰 원인은 물 부족이었다. 많은 돈을 들여 나무를 심어놔도 비가 내리지 않는 바람에 토양 속 수분이 부족해지고 나무는 결국 말라죽기 일쑤였다. 실제 사막 가까운 곳에 나무를 심으면 대부분 채 한 달이 안 되어서 모두 말라죽었다. 이런 상황에서도 군데군데 가뭄에 콩 나듯이 나무가 자라고 있었다. 더구나 자연적으로 자라난 나무들이 아니라 인위적으로 가꾼 나무였다. 신기한 일이었다. 알고 보니 누군가가 정성껏 심고 물을 주며 가꾼 것이었다. 비가 귀한 곳에 나무가 자라나게 하는 근본적인 열쇠는 결국 물 외에는 없었다. 이런 지역의 물은 숲이 뒷받침되지 않으면 지속될 수 없다. 물을 구하거나, 나무가 자랄 수 있게 보살피며 물을 댈 수 있는 방안을 찾아야 했다.

나무심기와 물주기로 일을 나누다

사막화가 진행되는 지역이나 사막 접경지역은, 우리가 흔히 나무를 심어 가꾸는 일반적인 조림지역보다 그 관리에 훨씬 많은 손을 필요로 한다. 어린 나무가 주변 환경에 적응하고 뿌리를 내리기까지 더욱 오랜 시간이 걸린다. 그래서 나무를 심는 데 그치지 않고 나무를 가꾸고 관리하는 데에도 정성을 쏟아야 한다.

몽골 사막접경지역의 토양이 워낙 척박하고 나무나 풀이 생존하기 어렵다는 것은 널리 알려진 사실이다. 그러나 황사를 방지하기 위해서는 사막화를 막아야 하고, 사막화 방지를 위해서는 나무심기와 숲 가꾸기가 선행되어야 했다. 가능한 한 많은 나무를 심어야 했고, 심은 나무가 무사히 자랄 수 있도록 보살피고 가꿔야 했다. 그렇게 해서 나무의 생존율을 높여야 했다. 이를 위해 가장 중요한 일은 현지 주민의 능동적인 참여였다. 주민 참여 없이는 적재적소에 나무를 심기도, 심은 나무를 지속적으로 보살필 수도 없기 때문이다. 이 사업이 몽골과 몽골 주민들에게 얼마나 중요하고 긴급한 일인지 느낄 수 있도록, 그리고 자발적으로 참여하게끔 하기 위해 상당한 노력을 기울였다. 사막화 문제를 몽골과 우리의 공동문제로 바라보고 이의 해결을 위해 힘을 모으자고 요청했다.

주민의 소득을 늘리고 일거리를 만들어주기 위해 화석에너지나 기계도입은 최소화했다. 먼저 숲 가꾸기 사업을 크게 나무심기와 물주기로 나누었다. 식림행사에 지역 주민과 학생들을 참여시키면서 적으나마 인건비를 지급할 수 있었다. 또한, 방풍림과 유실수를 함께 심어, 열매를 수확해 새로운 소득을 얻도록 하였다. 이는 마을 경제에 도움을 주기도 하지만, 대도시로 떠났던 유목민들을 다시 고향으로 불러들이는 효과도 있었다. 몽골은 현재, 도시로 떠난 유목민들이 환경난민으로 전락하는 바람에 커다란 사회문제가 되고 있다.

지속적이고 정기적인 물주기는 나무의 생존율을 결정짓는 가장 중요한 요소로 이는 주민의 능동적인 참여 없이는 불가능한 일이다. 이렇듯 물주기 등 조림장의 관리가 현지주민의 일자리 창출이나 소득증대에 기여하도록 유도했다. 조림장에 우물을 파고 마을 주민을 직원으로 고용해 정성껏 물을 주고 보살피게 했다. 나무 종류도 방풍림으로는 포플러, 버드나무, 느릅나무 등을 심었

사막에 나무를 심고는 반드시 물을 주면서 가꾸어야 한다.

고, 유실수로는 차차르간(비타민나무), 우흐린누드(블랙베리류)를 중심으로 선정하였다.

지속적인 모니터링 체계를 구축하여 나무의 생존율을 높이고자 했다. 현지에 '(사)푸른아시아'와 협정을 맺고 관리자를 파견해 정기적인 물주기, 가지치기, 관수실험, 표본조사 등을 실시하였다. 식림 이후 토양과 지하수 변화 등에 관한 과학적인 조사를 위해 몽골대학교와 기술협정도 맺었다. 모니터링 결과는 사진과 함께 인터넷 홈페이지에 게시했다. 이를 본, 모금이나 식림행사에 참여한 사람들이 흥미와 보람을 갖고 계속 참여의 의지를 밝힌 것은 고무적인 일이었다.

고사리손을 거친 1억 2천만 원의 모금

'인천 희망의 숲' 사업은 순수 시민운동이자 민간사업으로 펼쳐졌다. 사업에 소요되는 비용 또한 모금활동을 통해 충당했다. 기본계획 수립 후, 본격적인 모금활동이 이루어졌는데 지역의 민, 관, 학계 등 여러 조직과 시민들이 참여했다. 2008년 1차년도 모금 목표액은 1억 2천만 원이었다. 일일찻집, 후원의 밤 등이 이어졌으며, 인천YWCA 주관 아래 유치원생부터 고등학생까지 저금통 모금이 이루어졌다.

가장 놀라운 것은 학생들의 반응이었다. 권력이나 이권의 개입

없이 순수봉사라는 명목으로 학생들에게 저금통을 돌려 비용을 마련하는 일은 매우 어렵기 마련이다. 그렇지만 예닐곱 살 개구쟁이부터 여드름이 한창인 고등학생까지 몽골 사막화 방지에 대한 공감과 호응은 뜨거웠다. 인천YWCA가 시민들을 대상으로 저금통 모금활동을 펼치며, 본격적인 모금을 위한 시범사업으로 동부교육청 산하 중학교와 유치원, 교회 등에 저금통을 배부하였다. 사전에 학생들을 대상으로 지구온난화 등에 대한 환경교육이 이루어졌음은 물론이다. 단순히 저금통을 나누어주고 수거하는 차원이 아니라, 나무심기의 필요성을 느낀 학생들이 자발적으로 동참하기를 바라서였다.

2008년 3월 10일, 인천대학교 미래관에서 열린 저금통 개봉행사에는 어린 학생들이 모은 수천 개의 저금통이 개봉되었다. 행사에 참여한 사람뿐 아니라, 소식을 접한 많은 시민들이 큰 감동을 받았다. 나도 고사리손들이 모아준 정성 앞에서 가슴이 뭉클해지는 큰 감동을 받았다. 이를 계기로 운동은 더욱 확산되었고 시민, 학생들의 참여가 크게 늘었다.

그해 모금액은 무려 1억 2천만 원에 이르렀다. 지역의 여러 단체들과 시민들은 이렇게 해마다 1억 원 가까운 성금을 모아주었다. 특히 재미있는 사실은, 하천살리기 운동을 펼칠 때 가장 반대가 심했던 분들이 몽골에 나무를 심는 일에는 가장 큰 도움을 주었다는 점이다. 어떤 사안에 대한 이해와 공감의 힘이 얼마나 크며,

선입견을 없애는 일이 얼마나 중요하며, 인생에서 정말 변할 수 없을 만큼 고정된 시선은 없다는 것 등을 새삼 실감할 수 있었다. 견해 차이에서 오는 선입견도 정성이 더해지면 더 큰 보상으로 돌아온다는 것을 확인할 수 있는 소중한 기회였다.

기업체의 참여도 큰 도움이 되었다. 인천녹색환경지원센터가 주관한 모금활동에 지역 연고기업의 참여가 조금씩 늘기 시작했다. 동양제철화학, 인천도시개발공사, 한화건설, 한국토지공사, 대우자동차, 영흥화력본부 등의 기업이 참여했다. 인천시 공무원, 인천대학교 교직원 등 공공기관이나 기업의 사내 직원 모금을 통한 참여도 이어졌다. 중앙정부나 지방정부의 예산지원 없이 순수 시민참여만으로 이룬 결실이었다. 선한 마음에다 열정과 노력을 더하니 좋은 행동을 펼칠 수 있는 길은 더욱 가까워졌다. 멀게만 느껴졌던 실천에의 길이 속도를 내기 시작했다.

모금저금통 개봉행사

언제 자랄까? 10년 뒤에 다시 만나자!

몽골의 사막에 나무를 심으며 낙관적인 전망만을 가졌던 것은 아니다. 발로 툭 건드리기만 해도 뿌리가 드러나는 풀, 모래벌판에 아무렇게나 붉은 속살을 드러내고 누워 있는 구릉, 드러난 목초의 뿌리를 갉아먹는 쥐, 끊임없이 날리는 먼지와 모래바람, 태양은 뜨겁게 강렬했고, 염소를 비롯한 가축들은 잎뿐만 아니라 뿌리까지 파먹고 있었다. 그런 환경인지라 바짝 마른 구덩이에 나무를 꽂아 놓는 것만으로 나무가 무사히 자라나리라 바랄 수는 없었다.

2007년 최초 공동탐사를 했을 당시 투브아이막 종모드를 방문했었다. 그곳은 모래로 된 평원지역이었는데, 1960년대 공산주의 시절 낙엽송 100여 그루를 시범단지로 조성하여 관리하던 곳이었다. 그러나 현재는 3, 40그루만 겨우 살아 있었다. 뿌리를 아슬아슬하게 내리고 있어 발로 살짝만 건드려도 나무가 부서져버릴 지경이라 함께 간 위원들 모두 사막화의 심각성을 실감나게 느꼈다.

나무를 심고 숲을 조성해야 할 당위성을 깨닫는 데 그치지 않고, 실제 나무가 자라서 숲을 이루고 사막화를 막도록 하기 위한 면밀한 과학적 분석이 있어야 한다는 것을 느끼는 순간이었다. 이를 토대로 우리는 세심한 준비, 다양한 대처방안을 마련했다. 몽골 자연환경부나 울란바토르 시 등의 지방정부와도 협정을 맺어서 토지사용권을 확보함과 아울러, 조림 후에도 심은 나무가 뿌리를 내리고 생존할 수 있도록 일정기간 함께 노력할 것을 약속했다.

이렇게 모은 돈으로 1차적으로 2008년부터 2010년까지 3년 동안 몽골에 나무를 심었다. 20,000주의 나무를 준비하고, 첫 번째 몽골 식목을 위해 2008년 5월 13일 출발한 77명의 참가단은 흥분을 감추지 못했다. 참가경비는 각자 부담했다. 모금액 전액을 식목행사와 식목 후 나무를 가꾸는 데 쓰기로 했기 때문이다. 전문가와 환경원탁회의 위원, 지역 내 각 단체와 기업체 관계자, 인천YWCA를 통해 모집한 고교생 및 대학생 등 참가자들의 면모는 다양했다. 대부분 농사경험이나 다른 나라에 나무를 심어본 경험은 없었지만, 떠나오기 전 워크숍을 통해 현지사정을 충분히 이해하고 있었고 사전에 준비한 자료를 통해 각자 해야 할 일에 대해서도 잘 알고 있었다.

그러나 처음의 설렘과 흥분과는 상관없이 밤늦게 몽골의 수도 울란바토르에 도착해 숙소에 여장을 풀면서부터 하나 둘 불편과 어려움이 대두되기 시작했다. 아침 일찍 눈을 비비며 바양노르솜으로 떠나는 버스에 올라야 했고, 버스는 화장실조차 찾을 수 없는 초원의 울퉁불퉁한 비포장길을 끝없이 달렸다. 설상가상으로 버스는 몇 차례나 시동이 꺼지며 멈췄고, 이때마다 단원들은 내려서 버스를 밀어야만 했다.

한밤중이 되어서야 숙소인 게르에 도착해서도 허겁지겁 몇 숟갈 뜨는 둥 마는 둥 식사를 마치고 잠자리에 들어야 했다. 다음 날 아침에는 물이 없어 티슈로 고양이 세수를 해야 했다. 물의 소중함과 고마움을 새롭게 깨닫는 '체험 삶의 현장'이었다고나 할까.

현장에서 나무를 심는 일 또한 어려움이 많았다. 낯설고 힘든 작업으로 손바닥에 생긴 물집을 내보이며 고통을 호소하는 단원이 늘었고, 물통을 나르는 발걸음은 갈수록 느려졌다. 한 가닥 위안은 함께 나무를 심으면서 연신 고마움을 표하는 몽골 현지 학생들의 또랑또랑한 눈길과 헌신이었다. 말은 안 통해도 마음만은 가슴으로 충분히 느껴졌다.

사막에 나무를 심기 위해 파놓은 구덩이들

모두가 힘을 합쳐 조림장에 관정을 파고, 펌프와 저수조 등 나무관리를 위한 기반시설을 구축하였다. 한편으로는 나무를 심은 후 지속적인 물주기와 가지치기 등이 이루어지도록 지역주민을 직원으로 고용하여 관리 시스템도 마련하였다. 이런 모든 노력이 뒤따른 후에야 하나의 결과물이 나왔다. 마침내 나무들이 잎을 틔운 것이다. 그것은 희망의 잎이자 약속의 잎이었다. 이 잎이 하나 둘 모여 마침내 숲을 이루고 궁극에는 사막화를 방지할 것이며, 그 결과는 몽골뿐 아니라 인천시민과 대한민국 국민들이 앞으로는 조금이라도 맑은 공기를 쐴 수 있다는 것을 의미했다.

사막에 나무를 심은 이듬해 다시 그 나무를 찾아 생존과 성장을 확인하는 일은 겪어보지 않고는 미처 알 수 없는 엄청난 기쁨이었다. 희망의 숲을 조성하는 일에 대한 확신과 보람을 새삼 느낄 수 있었다. 개인적인 이득이 없는 공공적인 일에 온전히 바쳤던 시간들이, 그 힘들고도 지난하다면 지난했던 과정들이 필름처럼 펼쳐졌다.

우리는 10년 후 이곳 포플러나무 아래에서 도시락을 먹자면서 서로를 위로했고, 미래에 대해 끝없이 얘기했다.

길고 어려운 과정을 거쳐 황량한 들판에 나무를 심은 뒤, 그 미약한 생명체를 붙들고 다짐했다.

몽골사막에서 구덩이를 파고 나무를 심는 필자

'언제까지나 너를 보살펴주겠다고 약속은 못 한다. 그러나 네가 이 땅에 굳건히 뿌리를 내리고 살아남을 수 있게 몇 년 동안은 최선을 다해 보살펴주겠다. 아무리 힘들어도 살아남아라. 뿌리는 최대한 깊이, 잎은 최대한 무성히! 그렇게만 해주면 10년쯤 뒤에 우리는 웃음으로 만날 수 있다.'

끝없는 물주기 3년에 거둔 수확

현지 관료나 주민들은 우리가 심은 나무가 생존하고 또 계속해서 자랄 수 있는 최소한의 기간이 3년이라고 말했다. 3년은 지나야 나무가 관리 없이도 자랄 수 있다고 판단할 수 있다는 것이다. 자연스럽게 나무의 생존을 위한 일에 비중을 두었다. 생존을 위한 중심작업은 역시 물주기였다. 물을 계속해서 공급할 수 있느냐 여부에 사업의 성패가 달려 있는 셈이었다. 여러 개의 우물을 파고, 10톤 미만의 소형 저수조를 조림장 주변 8~9곳에 마련했다. 현장 상주인력을 고용해 가능한 한 물이 지속적으로 공급되도록 했다.

끝없는 물주기 3년의 성과는 놀라웠다. 나무들이 훌쩍 자랐고, 열매를 맺었다. 생존율도 당초 기대했던 것보다 높은 70~80%가 되었다. 3년 동안 물을 주며 가꾼 포플러나무가 몇 미터나 자란 것을 확인했을 때의 기쁨, 비술나무 등의 형태를 갖추어 가는 방풍림 앞에서의 감회, 직접 심은 차차르간(Sea Buckthom, 비타민나무)에서 딴 열매로 만든 주스juice를 마실 때의 행복했던 기억은 두

바양노르솜에 정착된 포플러나무

고두고 잊히지 않는다.

많은 이들이 불가능하다고 하는 일은 실제로 해내기 어려울 수밖에 없다. 그러나 일이 어려울수록 그 어려움을 이겨내고 결과를 이뤄냈을 때의 보람은 더욱 커진다. 그리고 이러한 보람과 긍지는 주위의 시선을 변화시키며, 그 변화가 모여 더 큰 일을 할 수 있고, 지구라는 공동체의 환경개선에 촉매제가 된다. 모래바닥에 뿌리를 내리고 있는 아직은 작은 나무 앞에서, '사막이 푸른 숲으로 바뀌는 그날까지, 할 수만 있으면 이 숲 가꾸기 사업에 계속 참여하겠다.'고 다짐했었다.

몽골 정부와 바양노르솜 등의 지역 행정책임자들도 '인천 희망의 숲' 사업을 매우 고맙게 여기고 적극 협조해 주었다. 우리는, 다른 나라 사람들과 많은 국제기구들도 이 몽골의 사막화 방지사업에 적극 참여해 주기를 바라고 있다. 사막화방지는 장기적인 관점에서 황사문제를 근원적으로 해결하는 토대를 마련하는 일이다. 이 운동이 국내외로 확산되면 사막화 문제를 인류공동의 문제로 바라볼 수 있게 되고, 세계인이 함께 이를 해결해 나갈 수 있게 될 것이기 때문이다.

지금도 계속되는 희망의 숲

한국수자원공사(K-water) CEO를 맡게 된 2013년까지, 나는 몽골 '희망의 숲 조성 사업'에 큰 관심을 기울였고 또 주어진 역할을 수행했었다. 물론, 20여 명의 인천환경원탁회의 위원들과 함께였다. 그리고 이 사업은 지금도 꾸준히 이어지고 있다. 현재는 민간과 인천광역시의 민관 공동협력사업으로 진행되고 있다. 2013년부터 인천시와 함께 인천녹색환경지원센터의 주관하에 지역의 시민, 기업, 학생 등이 모금에 참여하고 있다. 나 또한 경비를 자부담하여 2013년까지 몽골 현지로 찾아가 봄철 나무 심는 봉사에 참여하였었다.

몽골 중앙정부와 지방정부 공무원을 포함한 현지주민들의 참여와 함께 청소년 문화교류 등도 진행되었다. 그러나 최근 들어 우려되는 것은 갈수록 민간 후원금이 줄어들고 시민참여가 저조해지고 있다는 것이다. 지속적인 모니터링도 잘 이루어지지 않아 고사목 현황파악이나 사후조치가 미흡하다는 평이 있다. 간간이 들려

오는 이러한 말이 사실이라면 매우 안타까운 일이 아닐 수 없다.

몽골의 사막화가 황사를 일으켜 우리나라에 직접적인 영향을 미치는 현상은 지금도 크게 개선되지 않고 있다. 새로운 활성화 대책이 필요하다. 사막화 방지는 몇 만 그루의 나무를 심고 또 가꾸는 것만으로 완성되지 않는다. 아무리 큰 노력을 쏟기로 하루아침에 할 수 있는 일도 아니다.

잘 자라준 바양노르솜 조림장의 나무들

나무를 심는 데는 하루면 되지만, 나무를 키우는 일은 평생이 걸린다는 말이 있다. 낙숫물이 바위를 뚫는 것과 같은 쉼 없는 노력이 따라야 함을 바로 보자. 이는 또한 단순한 사막화 방지사업이 아니라, 국내의 대기환경 개선과 국제 환경보전활동의 결합모델을 개발하는 일이다. 국제적인 환경대응과 국제봉사활동, 환경교육과 국제교류를 통해 우리나라와 인천시의 글로벌 리더십을 키우고 에코리더를 양성하는 일이다.

'인천하천살리기'와 '몽골 희망의 숲 조성'을 통해 새롭게 눈을 뜬 것이 있다. 물과 관련한 활동을 위해서는 거버넌스가 매우 중요하고, 물 문제는 늘 생각처럼 간단하지 않다는 점이다. '하천을 살리자'는 총론에 열이면 열 모두가 동의한 경우에도 어떻게 살릴지 주장하는 각론은 십인십색이었다. 어떤 이는 하천에 물을 흐르게 하는 일이 가장 중요하다고 주장한다. 이 경우, 가뭄으로 하천이 말라붙거나 하면 다른 곳에서 물을 끌어와야 한다. 어떤 사람은 하천이 마르면 말라붙은 대로 둬야 한다고 주장한다. 그게 자연이라는 것이다. 하천복원에 돈을 들이는 만큼 운동시설이라도 만들어 시민들이 이용할 수 있게 해야 한다는 주장이 있는가 하면, 하천이 최대한 자연에 가깝도록 식생植生 등을 그대로 두자고 주장하기도 한다. 또 누군가는 기본적인 조경은 필요하다고 역설한다.

전문가들의 주장도 각자의 전문분야에 따라 서로 다르거나 나뉜다. 하천의 수량이 가장 중요하다는 주장, 수량보다는 수질이 더 중요하다는 주장, 수량과 수질에 앞서 하천 생태계가 중요하다는 주장이 엇갈린다. 생태를 주장하는 사람들의 의견도 다시 나뉜다. 하천 주변의 식물이 가장 중요하다느니, 식물보다는 어류의 먹이가 되는 플랑크톤이 중요하다느니 서로 목소리를 높인다. 물론, 이런 주장들을 모두 수용할 방법은 없다. 그저 내용을 잘 정리해서 모두에게 공개한 다음, 장시간의 토론을 거쳐 다수가 찬성하는 쪽으로 공개적으로 결정하는 것이 최선이었다. 그리고 이 방법만이 추가적인 논란을 잠재울 수 있었다. 하천살리기나 숲 조성 같은 시민운동과 관련된 것도 우리가 매일 목격하는 현실정치나 행정의 모습과 크게 다르지 않다는 것을 확인했다고나 할까. 이론과 실제, 배움과 현장은 크건 작건 차이가 있기 마련이다. 인간의 삶 또한 계획대로, 바라는 그대로 이루어지지는 않는다. 그러나 인류의 역사와 문명은 시행착오나 무모한 도전 등을 통해 발전해 왔다고 해도 틀린 말은 아니다. 나는, 내가 걸은 걸음이 비록 몇 발짝에 불과하더라도 그 발자국들이 내 뒤를 걸어오는 수많은 이들의 '큰 걸음'을 위한 튼튼하고도 쓸 만한 토대가 될 것으로 믿고 싶다. 그리고 그렇게 되도록 하기 위해 오늘도 애쓰고 있다.

물 쉼터

물이 직접 연주하는 쟈크 듀동의 수음水音 악기
— 물에서 음악의 아이디어 발견

1970년대 초, 프랑스의 실험음악가 쟈크 듀동Jacques Dudon은 물에서 음악에 대한 아이디어를 발견하고자 했다. 숙련된 연주자가 직접 연주할 수 있는 악기에서부터, 연주자가 필요 없는 자동 물 연주 시스템 등 약 1,000여 개 이상의 수음水音악기Water-sound Instruments를 제작했다. 이 중 Flutabulles, Aquavina 등 몇 개의 악기만이 사진과 짧은 연주 음원 형태로 남아 있는데, 그는 일련의 작업들을 『La musique de l'eau』라는 제목의 책으로 기록해 놓았다. 물이 단순히 자연이 아닌, 연주하는 주체로 변화할 수 있다는 가능성을 보여주었다는 점에서 큰 의미가 있다.

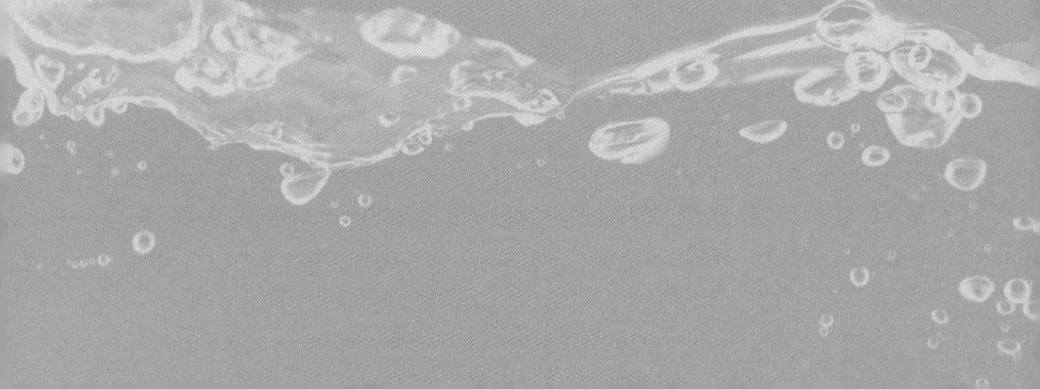

3장

물의 본성은 우리에게 무엇을 알려주나?

● 물의 모습은 실로 다양하다. 바닷물, 강물, 호수, 냇물, 빗물, 지하수, 샘물, 우물물, 온천수 등 여러 모습으로 도처에 존재한다. 일정 온도가 넘으면 수증기가 되고 일정 온도 이하에서는 얼음이 된다. 애초 목표한 바다에 이르러서는 수평선으로 평평해진다. 액체, 고체, 기체로 상황에 따라서 그 모습을 바꾸기는 하지만, 자연과 인간 삶의 전 부분에 걸쳐 중요한 역할을 하는 것은 과거나 현대나 변함이 없다.

물은 높은 곳에서 낮은 곳으로 흐른다. 서울이건 시골이건, 선진국이건 개발도상국이건 상관없이 물은 항상 위에서 아래로 흐른다. 물은 또 차별을 두지 않는다. 잘생겼다고 더 많은 혜택을 주거나 못생겼다고 괄시하는 법이 없다. 그렇다고 해서 모든 곳에 골고루 존재하는 것도 아니다. 대다수의 문명국은 물 사용에 특별한 어려움이 없는 반면, 한 방울의 물이 아쉬운 곳이 지구 곳곳에는 너무나도 많다.

물은 기본적으로 무색투명하고 맛이나 냄새가 없다. 그러면서도 용해성이 커 다른 물질을 쉽게 받아들인다. 이는 인간의 물 이용 영역을 확장하는 측면이 있다. 무엇이든 잘 받아들이고 자신을 내어준다는 면에서 물은 만물과 화합하며 공존하고자 한다.

물은 하나의 얼굴, 고정된 모습만을 가지고 있지 않다. 자연생태계나 인간의 생존, 생육, 생활, 번성 등에 필수불가결의 자원이지만, 때로는 두려움과 공포의 대상으로 바뀐다. 그 흐름이 막히거나 넘치면, 고요하고 잔잔하며 평화롭던 평소의 모습 대신 반대편 얼굴이 드러난다. 모든 것을 집어삼키는 홍수, 침묵의 살인자와 같은 가뭄, 세상을 무너뜨리는 집중호우가 그 예다. 물이 아름답고 평화로우며 세상 만물에 이롭기만 바란다면, 이는 인간의 욕심일 것이다. 어쩌면 '스스로 본래의 자연自然'에 가장 가까운 것이 물이라고 할 수 있다. 우리 인간은 다만 이런 본성을 정확하게 파악해 때로는 이에 맞추고, 때로는 이에 거스르면서 삶에 유리하도록 개발, 관리, 이용, 보전하고자 애쓰고 있다고나 할까.

공평함과 즐거움을 나누어주는 물

물은 평등과 공평을 지향하는 본성을 가지고 있다. 바다의 수평선을 보자. 우리의 시선이 가장 멀리 가 닿는 곳, 세상의 본성이 지향하는 곳, 거기엔 높낮이가 없는 평등의 세계가 일직선으로 펼쳐져 있다.

육해공이 고루 어우러진 경인 아라뱃길

높은 곳에서 낮은 곳으로, 위로부터 아래로 흐르는 바탕에는 이러한 평등과 공평의 본성이 자리한다. 물은 또한 사람들의 마음을 즐겁고 편안하게 한다. 항상 즐거움을 나눠주는 것은 아니지만, 잔물결 일렁이는 호수나 저녁노을에 물들어 황금빛으로 빛나는 강물을 대하면 대부분의 사람들은 아름다움과 평화를 느낀다.

물은 누구에게나 평등하게 다가간다

물은 평등하다. 누구에게나 어느 곳에나 평등하게 다가가고, 사물을 대하는 태도 역시 평등하다. 어느 그릇에 담더라도 특별히 외력外力이 작용하지 않는 한 곧 평평해진다. 자신의 형태를 고집하지도 자신만을 내세우지도 않는다. 본성 자체가 평등을 지향할 뿐 아니라, 낮은 곳, 흐를 수 있는 곳, 닿을 수 있는 곳이면 거기가 어디든 가리지 않는다. 물맛만 하더라도, 덥고 목마를 때 마시는 한 잔의 물이 누구에게는 짜고 맵게 누구에게는 달고 시원하게 다가가지 않는다. 평소에 우리가 특별히 의식하지 않더라도, 물은 자신의 본성에 의거해 끊임없이 평등을 지향하고 실천하고 있다.

지난날 겪은 여러 형태의 홍수洪水를 돌아보자. 엄청난 위력을 지닌 홍수는 장소, 시간, 대상 따위를 가리지 않는다. 잘사는 곳과 못사는 곳, 도시와 시골, 어른과 아이도 따지지 않는다. 오직 넘실대는 위협의 몸짓으로 거세게 다가가 약한 곳부터 사정없이 무너뜨릴 뿐이다. 홍수만 그런 건 아니다. 졸졸 흐르는 시냇물도 차별없이 다가서긴 마찬가지다. 고요히 흐르는 아름다운 시냇물을 마주하면 대부분의 사람들은 마음이 차분해진다. 상심한 연인의 가슴에도 물은 조용히 다가와 상처를 씻어 내린다.

물은 사람과 동물, 동물과 식물을 대함에 있어서도 우선순위가 없다. 일정시간 이상 물을 마시지 못하거나 흡수치 못하면 생명을 잃기는 매한가지다. 인간을 포함한 대부분의 동식물은 물 없이는 건강을 유지하고 생존할 수 없다. 고마우면서도 무서운 물, 꼭 필요하면서도 때로는 마주하고 싶지 않은 물. '혜택도 평등하게, 해악도 평등하게' 그것이야말로 가장 정확한 물의 본성일 수 있다.

물은 즐거움과 평안함을 골고루 나눠준다

풍경을 담은 사진이나 그림을 볼 때, 사람들이 즐거움이나 평안함을 느끼는 기본요소가 있다. 물이다. 저 멀리 구불구불 긴 강이 흐르거나, 눈앞에 아름다운 호수가 펼쳐지는 그림이나 사진 앞에서 사람들은 금세 즐거움과 평온을 느낀다. 현실세계에서는 더 그러하다. 맑고 깨끗한 물을 보면 사람들은 손이나 발을 담그려 들고, 물장난을 치려 하고, 헤엄치고 싶어 하고, 씻으려 든다. 괜히 즐거워한다. 흐르는 강 앞에서는 마음이 가라앉고 생각에 잠기게 된다. 고요한 흐름 속에 평온을 느낀다. 시냇물 곁에서는 마음 역시 즐거운 소리를 내며 졸졸 흘러가는 것 같다. 햇살도 시냇물에서는 어쩔 수 없이 뛰어놀고 버드나무의 잎사귀도 반짝이며 뒤챈다.

물가에서 즐겁게 놀고 있는 어린이들

집을 짓는 데 있어서 배산임수背山臨水의 지형을 중요시 여기는 것도 물이 가져다주는 쾌快, 화和, 미美의 느낌과 관련이 깊다. 물이 자연환경과의 조화를 결정짓는 가장 중요한 요소이기 때문이다. 김소월의 시에 곡을 입힌 「엄마야 누나야 강변 살자」라는 동요를 보자. '뜰에는 반짝이는 금모래 빛, 뒷문 밖에는 갈잎의 노래'라고 강변의 모습을 노래하고 있다. 쾌적하고 평화롭고 아름다운 느낌이 잘 묻어나 있다.

하고많은 장소 가운데 굳이 강변에 살고 싶어 하는 이유는, 물이 아름다움을 살리고 생동감을 느끼게 하고 휴식과 놀이공간이 되며 기운과 의욕을 북돋우기 때문일 것이다. 아득하게 끝없이 멀어 눈을 가리는 것이 없는 일망무제一望無際, 광활한 초원을 찾고 우뚝 선 산을 오르는 경우에도 시야視野에 강, 호수, 계곡 등 물이 없으면 즐거움, 평안함, 아름다움을 온전히 느끼기 어렵다. 경상북도 안동의 하회마을은 우리나라를 대표하는 민속마을의 하나다. 국보 및 보물과 민속자료들, 다양한 형태의 고가古家가 잘 어울려 있어 국내외 관광객의 행렬이 끊이지 않는 곳이다. 2010년 유네스코 세계문화유산으로 등재되기도 한 하회마을을, 역사와 문화가 살아 숨 쉬는 즐겁고 평화로운 곳으로 만든 중심요소는 다름 아닌 물이다. '하회河回'라는 이름 자체가 '물돌이'를 뜻하거니와, 마을을 휘돌아 흐르는 낙동강이 없었다면 현재의 하회마을은 존재하지 않았을 것이다. 건너편 부용대芙蓉臺에 올라 하회마을을 조망해 보면 물이 주는 즐거움과 평안함의 의미를 제대로 느낄 수 있다.

낙동강이 안동 하회마을을 감돌아 흐르고 있다.

질서를 지키면서도 끝내 목적을 달성하는 물

물은 질서를 지킨다. 고유의 질서를 가진다. 그 질서의 기본은 위에서 아래로, 높은 곳에서 낮은 곳으로 흐르는 것이다. 물은 또한, 자신만의 질서를 지키면서도 끝내는 바다에 도달함으로써 목적을 달성한다.

❙ 물은 언제나 위에서 아래로 흐른다

물은 위에서 아래로 흐른다. 높은 곳에서 낮은 곳으로, 상류에서 하류로 흐른다. 그게 질서고 원칙이고, 한결같은 물의 모습이다. 절벽을 만나면 서슴없이 뛰어내려 폭포가 되고, 웅덩이를 만나면 감이후지坎而後止, 구덩이를 채운 뒤에야 다시 앞으로 나아간다. 또한, 상황에 따라 갈지之자 걸음도 마다하지 않는다. 비틀대고 구부러지며 흐르기를 마다하지 않는다. 그러나 스스로를 숙이고 굽히며 흐르기는 해도 뒷걸음치는 경우는 없다. 세계 곳곳에는 숲과 평야, 도시와 시골, 산과 들을 굽이쳐 흐르며 아름다운 장관을 연출하는 강이 많지만, 그 어떤 강도 거꾸로는 흐르지 않는다.

눈에 잘 보이지는 않지만 아래에서 위로 흐르는 물이 아예 없는 것은 아니다. 뿌리에서 줄기, 가지, 잎으로 흐르는 나무의 수액이나 수증기, 동물 몸속의 혈액이 그 예다. 그러나 이는 물의 기본질서를 부정하는 특별한 예외라기보다, '있는 곳에서 없는 곳으로의 흐름'으로 보는 게 옳을 것이다. 양수기揚水機나 분수噴水 등 인위적인 외력外力을 가해 물의 질서에 맞지 않는 흐름을 유도하기도 하지만, 이러한 것들도 결국엔 기본질서에 순응하게 된다.

높은 곳에서 낮은 곳으로 향하는 것이 물의 기본질서지만, 그 결과가 인간에게 치명적인 경우도 있다. 집중호우나 홍수, 우박 등의 물 재난이 그렇다. 2011년에 있었던 태국 대홍수는 사망자 600여 명, 피해총액 최대 18조 원, 이재민 250만여 명이라는 엄청난 피해를 남겼다. 이러한 사례는 '반드시 정해진 길로만 다니지는 않는다.'는 물의 또 다른 질서 하나를 깨우쳐준다. 자연의 질서 특히 물의 질서는 우리 인간의 예측이나 예상범위를 언제든지 벗어날 수 있다는 것을 기억해야 한다. 또 하나 기억해야 할 것은 그러고도 물은 아무 말이 없다는 것이다. 자신을 질책하지도 인간

물은 위에서 아래로 흐른다.

을 동정하지도 않고 무심히 우리 곁을 스쳐 가거나 내일을 향해 그 흐름을 이어갈 뿐이다. 여기에서 우리는 물이 기본질서 속에 무정형의 질서를 품은 채, 언제든지 인간의 능력과 운명을 시험할 수 있다는 것을 깨달을 수 있다.

❙ 물은 빨라도 느려도 끝내는 바다에 이른다

물은 아래로, 낮은 곳으로 흘러 결국 바다에 이른다. 모든 물방울의 목적지는 바다다. 인간의 자의적인 해석에 불과할 수 있지만, 물방울이 모여 개울이 되고 강으로 흘러 끝내 바다에 이르는 것은 너무도 분명한 사실이다. 그 과정에서 길이 막히면 돌아가고, 온갖 더러움과 혼탁함도 받아들인다. 때로 오랜 시간과 반복을 통해 바위조차 뚫는가 하면, 어떤 때는 얼음으로 변해서 스스로의 생명을 보존한다. 임기응변臨機應變, 변화무쌍變化無雙, 백절불굴百折不屈, 능수능란能手能爛 그 모두를 갖추고 있는 것이 바로 물이라고 할까.

물방울에서 시작해 바다에 이르는 길고 먼 과정에서 물은 능동적 또는 피동적으로 자신에게 녹아든 다른 물질로 인해 깨끗해지기도 더러워지기도 한다. 그렇다고 해서 물의 본성마저 바뀌는 것은 아니다. 여전히 '물의 본성', '물의 질서'는 바뀌지 않는다. 이와 더불어 바다에 이르기까지 걸리는 시간이 길거나 짧은 것도, 도착 시간이 빠르고 늦는 것도 문제가 되지 않는다. 지각 걱정으로 안달하지도 않고, 지각했다고 바다가 나무라지도 않는다.

주의를 기울여야 할 또 하나 물의 중요한 본성은 '물의 순환'이다. 물은 바다에 이른 것으로 생을 끝내지 않는다. 바다는 물의 목적지이지만, 다른 한편으로는 새로운 시작점이기도 하다. 바닷물은 수증기로 증발해 구름이 되고, 물방울로 변해 비나 눈의 모습으로 땅을 찾는다. 그리고 다시 바다를 향한 여행을 시작한다.

빠르고 느린 차이는 있어도 물은 끝내는 바다에 이른다.

조화로움을 추구하고 지나치지 않음을 중시하는 물

물은 주변과 조화하고 어울리려는 본성을 가지고 있다. 형태를 고정하지 않을 만큼 유연하고 부드럽다. 그러나 물의 얼굴은 한 가지가 아니다. 유연하고 부드러운 얼굴 말고 다른 얼굴도 가지고 있다. 강하고 거칠며 때로는 잔인하기까지 한 얼굴이다. 안정, 평화, 생명, 부드러움을 지향하면서도 지나침에 대하여는 너무 하다고 할 만큼 잔인하다. 잔잔한 흐름도 상황이 바뀌면 성난 홍수가 되고 고요히 흐르던 시냇물이 때로는 굉음을 지르는 폭포물이 된다.

물은 언제나 주변과 어울리며 함께 간다

수무상형水無常形, 물은 고정된 모습이 없다. 그릇이 바뀌고 지형이 달라지면 그에 따라 자신의 모습을 바꾼다. 둥그런 그릇에서는 둥글게, 네모난 그릇에서는 네모나게 모양을 바꾼다. 또 온도에 따라, 빛에 따라, 수심에 따라, 바닥의 지질에 따라, 물속 용존물질의 종류에 따라 색과 모양이 달리 보인다. 이는 물이 줏대나 지조가 없어서가 아니다. 아무리 모양이 바뀌어도 물이라는 본질에는 변화가 없는 것이 이를 증명한다. 주변과 조화하고 어울려 함께하려는 것이 물의 본성일 뿐이다.

바위를 만나면 돌아 흐르고 폭포에 닿으면 뛰어내리는 물의 모습은 상황이나 형편에 따라 능수능란하게 변화하는 물의 본성을 잘 알려준다. 그러나 이때의 변화는 그저 단순한 변화가 아니다. 경사 급한 산에서는 빠르게 흐르고 평지에서는 느리게 흐르는 것

주변과 어울리며 흐르는 물. 사진은 영월 동강

이 여건과 상황에 맞춰가는 줏대 없는 흐름 같지만, 꼭 그렇지만은 않다. 모래와의 말없는 동행으로, 파이고 떠내려간 곳을 메워 강과 하천의 항상성을 지켜주는 것이 좋은 예다. '변화는 좋고 변하지 않는 것은 좋지 않으며, 변할 수 있어야 좋고 변할 수 없는 건 좋지 않다.'는, 유교의 주요경전 가운데 하나인 『주역周易』의 기본사상을 가장 잘 나타내고 있는 것이 물인 셈이다.

안동 하회마을의 물돌이 지형이나, 미국 샌디에고San Diego의 라호야 비치La Jolla beach와 미션베이Mission Bay의 절경은 물의 힘으로 만들어졌다. 물이 지름길shortcut을 찾아 달리 흐르는 등의 여러 요인에 의해 지형이 바뀌고, 다시 주변 환경과 어울려서 새롭고도 멋진 모습이 탄생한 것이다. 사주沙洲로 바다와 격리된 석호潟湖(lagoon)도 마찬가지다. 별다른 의지도 특별한 목표도 없이 이리 치이고 저리 치이며 흐르는 물 같지만, 물은 말없는 주변과의 조화를 통해 아름다운 경관을 비롯한 많은 성과를 이루면서 끝내는 바다에 이른다.

❙ 물은 외유내강하면서 과유불급을 추구한다

물은 천千의 얼굴을 가졌다. 외유내강外柔內剛, 겉으로는 부드럽게 흐르는 것처럼 보이지만 내면에는 거대한 에너지가 숨어 있다. 잔잔한 시냇물이 어느 순간에는 무지막지한 홍수로 변해 세상만물을 위협한다. 널리 알려진 이야기 중에 '팔뚝으로 제방 붕괴를 막은 네덜란드 소년'의 이야기가 있다. 이 이야기 속에는 '미세한 흐름 한 줄기로 거대한 제방을 무너뜨릴 수 있는 물의 힘, 그 외유내강의 모습'이 숨어 있다.

물은 과유불급過猶不及, 넘쳐도 모자라도 문제가 된다. 너무 많으면 홍수가 나고, 도시와 촌락, 농경지 등이 물에 잠긴다. 지나치게 적어도 큰 문제를 야기한다. 가뭄으로 농작물이 타들어가고, 마실 물이 부족해지면 인간의 생존에도 치명적인 문제를 초래한다. 더구나, 물은 넘치고 모자라는 그 극과 극의 상황을 오가는 데 있어서 도무지 주저함이 없다. 몇 달을 계속해서 가물다가도 반년 동안 내릴 비를 하루 만에 쏟아붓는 일이 비일비재非一非再하다. 웃고 떠들며 즐겁게 고기 잡고 물장구치며 어울려 놀던 계곡이 한바탕 빗줄기만으로 생사가 교차하는 대형재난의 현장으로 바뀐다.

1998년 8월 초, 지리산국립공원 일대에 내린 집중호우로 324명이 실종사망하고 1조 2천억 원대의 재산피해를 일으킨 사례는 물이 가진 두 얼굴을 극명하게 보여준다. 휴가철을 맞아 대원사 계곡, 피아골 등에서 물놀이를 즐기며 야영 중이던 피서객들은 시간당 최고 140㎜에 이르는 기습호우로 손쓸 새도 없이 계곡물에 휩쓸려 희생되었다. 지난 2002년 8월 31일 태풍 루사Rusa 때 하루 870.5㎜라는 기록적인 폭우가 내린 강릉에서는 저수지 두 곳이 무너졌다. 오봉五峰댐도 50.6m 높이의 제방까지 거의 물이 차올라 붕괴가 염려되는 가운데 저지대에 거주하는 강릉시민들을 한밤중에 대피시키는 일대 소동이 벌어졌다.

이런 예를 들지 않더라도 우리는 갑자기 불어난 물이나 기습홍수에 대한 무서운 기억을 누구나 한 둘쯤은 갖고 있다. 물의 평화로운 모습에서 또 다른 얼굴을 기억해 두는 일은 우리의 소중한 생명과 재산을 보존하기 위해서라도 꼭 필요한 일이다.

희생을 통하여 상생의 길을 걷는 물

물은 희생으로 상생相生을 이룬다. 생물이 자라게 하고, 불을 끄고, 기계를 돌린다. 물로 인해 생기는 성과나 변화가 무엇이건 간에, 물은 이를 자랑하거나 불평하지 않는다. 또, 물은 한계를 정해 걸음을 멈추지도 않고, 하나의 과제를 이루었다고 하여 쉬는 법도 없다. 그저 말없이, 은근하고 끈기 있는 흐름을 통해서 목적을 이루는 일을 끝없이 반복한다고나 할까.

물은 스스로를 희생해 많은 일을 한다

물은 스스로를 희생해 새로운 결과를 만들어낸다. 식물과 동물의 몸에 흡수되어 그들이 제대로 기능하고 자라게 한다. 혈액, 체액, 수액이 되어 생존과 번식을 지원하고 이끈다. 불을 끄고, 기계를 돌리고, 제품생산을 돕는다. 워터제트water jet에서 고압으로 분사되어 쇠를 자르고, 높은 곳에서 몸을 던져 터빈을 돌려 전기를 생산한다. 새벽 정화수井華水로 담겨 정성 어린 소망을 돕고, 성수聖水로 뿌려져 죄를 씻어준다. 이러한 일들이 물 스스로 원한 것이 아니라 인간의 의도에서 비롯된 것이어도 물은 자신의 희생과 헌신을 불평하거나 원망하지 않는다.

물은 다양한 것들의 조화로운 어울림이 얼마나 가치 있고 또 효용성을 높이는지 알려준다. 개울이나 시내만 해도 단순히 물만 흐르는 것보다는 징검다리나 폭포가 어우러질 때 더욱 아름다운 하천이 된다. 그늘과 꽃과 나무와 바위와 물고기를 비롯해 여러 자연환경과 잘 어우러진 곳과 그렇지 못한 곳의 차이는 크다. 흔히 배산임수背山臨水를 강조하거니와 물만 보이는 풍경보다 산과 물과 들판 등이 서로 어울려 조화를 이루는 곳이 더욱 마음을 안정시키고 생태계 전반이 풍요롭게 느껴진다.

물은 또 다른 성분과 결합해 새로운 성분을 만들고 성질을 바꾼다. 푸른 염화코발트를 만나 붉은 염화코발트가 되고, 하얀 무수 황산구리를 만나면 청색으로 바뀐다. 염화칼슘을 뿌린 눈은 빨리 녹고, 이렇게 녹은 물은 잘 얼지 않는다. 자신을 낮추고, 숙이고, 희생해서 새로운 무엇을, 더욱 좋은 무엇을 이루어내는 것이 물이다. 그러면서도 물 스스로는 뭔가를 새로 얻는 일이 드물다. 대부분의 경우 물은 새로운 무언가를 만들어 낸 뒤에는 다시 그냥 물로 돌아갈 뿐이다.

물레방아는 희생을 통해 상생의 길을 걷는 물의 특성을 잘 설명해 준다.

물은 끝없는 상생으로 새로움과 윤택함을 만든다

물은 '지속 가능한 세상'을 위해 가장 중요한 자원이면서, 이를 위해서는 어떠한 행동이 필요한지를 가르쳐준다. 바로 상생과 협력이다. 강이나 하천이 중단 없는 흐름을 계속할 수 있는 바탕은 상당부분 숲에 있다. 하늘에서 내린 비를 숲 속의 흙과 풀과 나무들이 품었다가[含有] 천천히 내뿜어주기 때문에 하천과 강이 계속해서 흐를 수 있는 것이다. 물론, 숲 속의 풀이나 나무도 이러한 과정을 통해 생존과 번식을 계속할 수 있다. 물과 숲의 이러한 관계, 이러한 모습은 서로가 서로에게 도움이 되는 상생이 어떠한 것인지를 웅변하고 있다.

물은 또, 이러한 상생을 통해서 새로움과 윤택함을 만들어낸다. 예를 들어, 시들어가던 나무나 풀이 물을 흡수하면 생명력이 살아나고 성장과 번식을 계속하게 되는 등 그 나무나 풀의 삶이 한결 윤택해진다. 그리고 그 나무나 풀을 거쳐 나온 물은 그 이전보다 한층 깨끗해지는 등 새로운 모습이 된다. 흙의 경우도 마찬가지다. 물은, 딱딱하게 굳어 덩어리진 흙을 부드럽고 촉촉하게 만들고, 흙에 스며들었던 물은 정화淨化되어 깨끗해지거나 흙 알갱이를 품어 혼탁해진다. 새롭게 달라지는 것이다.

이처럼 끝없는 상생으로 새로움과 윤택함을 만드는 것이 물이거니와, 또 하나 깊이 생각해 봐야 하는 것은 상생의 진정한 의미다. 상생은 서로에게 직접적으로 도움을 주거나 기브 앤 테이크Give & Take하는 것만은 아니다.

오랜 역사를 가진 음양오행설陰陽五行說은 상생개념을 이해하는데 상당한 도움이 된다. 목생화木生火, 화생토火生土, 토생금土生金, 금생수金生水, 수생목水生木으로 이어지는 순환을 생각해 보자. 이는 어느 한쪽이 누군가를 도우면 상대방이 또 누군가를 돕게 되고, 그는 또 다른 누군가를 돕게 되는 세상의 이치를 설명하고 있다. 그리고 이런 선순환의 과정을 통해 사회 전체가 풍요로워지고 결국 본인에게도 도움이 된다. 즉, 상생은 '지불한 만큼 대가를 제공'하는 공정公正과는 구별되어야 한다. 또한, 상생은 선善, 상극은 악惡으로만 단정 짓는 태도도 꼭 옳은 것은 아니다. 상극을 극복하여 새롭게 이루어내는 상생의 힘은 그 이전보다 더욱 강해질 수도 있다.

은근과 끈기의 물, 그래도 목적은 이룬다

보는 사람이 있거나 없거나 폭포수는 주저하지도 쉬지도 않고 아래로 떨어진다. 땅속을 흐르는 물 역시 끊임없이 채우고 비우기를 계속한다. 수적천석水滴穿石, 물방울이 바위를 뚫는다. 작은 노력일지라도 끝없는 반복을 통해 큰일을 이룬다. 아름답고 장대한 석회암동굴이나 오랜 세월 물에 깎여 만들어진 멋진 바위계곡을 보면, 물의 인내와 끈기를 다시금 깨닫게 된다. 세계문화유산에 등재되어 있고 프랑스 영화 〈인도차이나〉의 배경으로도 유명해 전 세계 관광객의 발길이 끊이지 않는 베트남의 하롱베이 바위섬들과 그곳의 크고 작은 천연동굴들을 보면, 물이 장구한 세월 무슨 작업을 해왔는지 경탄하지 않을 수 없다.

물은 길이 멀고 험하다거나 힘들고 재미없다고 해서 가다가 주저앉는 법이 없다. 어떻게든 흐름을 이어간다. 바위가 앞을 막으면 돌아서 가고, 깊은 웅덩이가 길을 가로막으면 웅덩이가 차서 넘칠 때까지 기다렸다가 흘러간다. 따가운 햇살 아래 바위구덩이에 갇혀 오도 가도 못하는 작은 양의 신세가 되어도 물은 멈추지 않는다. 수증기로 증발해 다시 처음부터 흐름을 시작하는 것조차 두려워하지 않는다.

물은 자신만의 질서를 바탕으로, 주변과 조화하고 어울리고, 상생을 위해 자신을 희생하며, 어떤 그 무엇과도 비할 수 없는 은근과 끈기로 끝내는 '흐름의 목표'인 바다에 이른다. 물의 본성은 이처럼 독특하고도 다양하다. 그리고 우리는 이러한 물의 본성을 살피고, 깨닫고, 배워서 실제 삶에 반영함으로써 많은 것을 얻을 수 있다.

물 쉼터

빗소리

월트 휘트먼Walt Whitman(1819-1892)

부슬부슬 내리는 비에게 물었노라
정녕 그대는 누구인가?
그러자 신기하게도
나는 '지구의 시詩'라고 답하네.
대지에서, 무한한 바다에서 남몰래 승천하며
그곳에서 무리 지어 전혀 다르게 바뀐다고.

그러나 실상은 변한 것 없이, 밑으로 내려와
가뭄이나 미생물, 지구의 먼지들을 닦아낸다고.
나 없이는 그 모든 것은 생명 없는 씨앗이라고.

그리하여 언제나 밤낮으로
나는 나 자신의 근원으로 생명을 불어넣어
맑고도 빛나게 하노라고.

영화 〈죽은 시인의 사회〉에 나오는 「캡틴 오 마이 캡틴」이라는 시로도 유명한 월트 휘트먼은, '나 자신의 자유, 나아가 인류의 자유'를 노래해 온 미국의 대표적인 시인이다. 이 시에서 휘트먼은 비를 '지구의 시'라고 표현하고 있다. '나 없이는 모든 것이 생명 없는 씨앗'이라고도 말한다. 과학적 사실을 떠나, 물의 본질과 생명의 신비를 파고드는 시인의 육성에서 순환하는 물의 또 다른 의미를 깨달을 수 있다. 영국의 작곡가 '본 윌리엄스'는 휘트먼의 시집 『풀잎』에서 네 편(모든 바다와 배들의 노래, 홀로 밤의 바닷가에서, 파도, 탐험하는 사람들)을 골라 곡을 붙였는데, 이것이 바로 교향곡 제1번 〈바다의 교향곡〉이다.

4장

물과 인생은 너무나 닮았다

• 앞장에서 간략하나마 물이 어떤 본성을 가지고 있는지 살펴보았다. 물은 공평함과 즐거움을 나눠준다. 또한, 대상이 누구며 어떠한지에 구애받지 않고 평등하게 다가간다. 항상 '높은 곳에서 낮은 곳으로, 위에서 아래로'라는 기본질서를 지킨다. 양보, 인내, 끈기, 조화 등을 동반한 채 질서를 준수하면서도 끝내는 목적을 달성한다. 흐르고 흘러 결국에는 바다에 이른다. 겉으로는 부드럽지만 내면에는 무섭고 뜨거운 에너지를 품고 있다. 외유내강하고 과유불급하다. 흐름의 과정에서 항상 주변과의 조화를 추구할 뿐 아니라, 스스로를 희생해 새로움과 윤택함을 만들어낸다.

이 장에서는 이러한 물의 본성을 바탕으로 '물과 인생의 닮은 점'을 살펴보고자 한다. 예로부터 사람의 삶을 물줄기에 견주는 일이 많았다. 물과 인생이 많이 닮았기 때문이다. 강은 거꾸로 흐르지 못하고, 인생은 반복이 불가능하다. 물은 먼 길을 흐르고 흘러 결국엔 바다에 이르고, 사람은 희로애락의 시간을 거쳐 언젠가는 삶을 마친다. 사람이나 물은 모두 실패를 두려워하지 않는 수없는 도전과 인내로 장벽을 넘고, 주변과의 어울림과 조화를 통해 더욱 크고 새로운 가치를 만든다. 어느 그릇 어느 사회에 소속되느냐에 따라 모습이 달라지기도 하지만, 낙숫물이 바위를 뚫는 것처럼 자신이 소속된 사회를 변화시킬 수 있는 능력도 있다.

물론, 물과 사람이 서로 같거나 닮아 있는 것만은 아니다. 과학적인 눈으로 보면 당연히 다른 부분이 더 많다. 사고하고 행동하는 생명체인 사람과, 생명을 가지지 아니한 그래서 스스로 인식, 사고, 행동하지 않는 물은 다를 수밖에 없다. 그렇지만 물의 본성과 사람의 삶을 견줘보거나 해석해 볼 때, '닮은 점'이 꽤 많다는 사실에 수긍하게 된다. 이는 우리 인간이 물의 본성에 대한 고찰을 통해 배울 것이 많다는 얘기도 된다.

전혀 다른 것 같으면서도 서로 닮은 꼴

본질적으로는 물과 사람은 같지 않다. 서로 별 상관이 없다고 봐도 좋을 것이다. 사람은 수많은 물질로 구성된 유기체다. 생각하고 행동할 뿐만 아니라, 감정을 느낀다. 물은 다르다. 수소와 산소가 결합한 단순한 물질(H_2O)로 생명체가 아니다. 따라서 스스로 생각하고 행동할 수 없고, 감정 또한 느끼지 못한다. (다른 견해도 있다. 『물은 답을 알고 있다』의 저자 에모토 마사루는 물도 감정을 가진다고 주장한다.)

인생은 유한有限하다. 비록 길고 짧은 차이는 있어도 누구나 죽는다. 예외가 없다. 그러나 물은 다르다. 물방울에서 바다에 이르는 일회성의 직선적인 행로만이 전부가 아니다. 끝없는 순환의 실이 있다. 수증기로 증발해 구름이 되고, 다시 비나 눈으로 내려 바다를 향한 흐름을 끝없이 반복한다. 물론, '사람도 자손이나 지식, 이념, 사상 등의 계승을 통해서 영생할 수 있다.'고 주장할 수 있지만, 이는 개인적인 신념이나 종교적인 영역의 문제지 과학적인 사실은 아니다.

그럼에도 불구하고, 나는 물과 인생은 서로 닮았다고 생각한다. 아니 확신한다. 물과 함께 30여 년을 살아오며 보고 느끼고 가지게 된 믿음이다. 물에서 삶의 지혜를 발견하고 물의 본성을 통해 지향해야 할 삶의 태도를 찾는 이가 나 혼자만일 리는 없다. 동서고금의 수많은 선현先賢과 학자들이 이를 주장하고 실천하고 되풀이하여 가르쳐왔다. 특히, 자연을 산과 물[山水]로 파악하는 동양에서는 더욱 그러하다. 물이 자연의 조화와 충족을 나타낸다고 생각하기 때문이다.

그렇다고 해서, 물과 인생이 서로 닮은 부분이 있다고 수긍하는 데 그쳐서는 별다른 의미가 없을 것이다. 물의 모습과 속성에서 삶의 지혜나 자세를 배워 이를 자신의 삶에 실제로 적용하고 실천할 때 비로소 의미가 있다. 우리가 좀 더 나은 세상을 만드는 데 물의 지혜가 쓰임이 있고 보탬이 되어야 참된 의미가 있는 것이다.

공평함과 즐거움의 욕망은 누구에게나 있다

공평함과 즐거움에 대한 욕망은 누구에게나 있다. 지위 고하高下나 사는 형편에 상관없이 평등한 대접을 받고 싶고, 기본적인 욕구가 충족되길 바란다. 삶이 최대한 즐겁기를 바라고, 즐거운 생활이 계속되길 바란다. 이러한 욕망은 남녀노소를 가리지 않는다. 때로 사회적인 체면, 이성적인 판단에 기초해 공평함과 즐거움의 일부를 기꺼이 양보하거나 약간의 불공평은 묵인하기도 하지만, 이때도 마음 깊숙한 곳의 욕망은 크게 바뀌지 않는다.

삶의 현장에서 발생하는 대부분의 불공평은 문제를 일으킨다. 공평치 않다고 생각하게 되면 불평하고 누군가를 탓하게 되기 마련이다. 영토나 자원을 둘러싼 국가 간의 전쟁만 해도 분배나 구획 등 불공평과 관련이 있는 경우가 많다. 주변에서 심심찮게 보이는 형제간의 유산을 둘러싼 이전투구泥田鬪狗도 분배가 불공평하다고 느끼기 때문이기 쉽다. 이는 '배고픈 것은 참아도 배 아픈 것은 못 참는다.'는 인간의 이기적인 본성과도 관련이 없지 않다. 역사적으로도 천하가 태평하려면 반드시 공평이 뒷받침되어야 했다.

즐거움이 없는 삶은 팍팍하다. 삶이나 일이 즐겁지 않다고 생각하게 되면 누구라도 의욕이 줄어든다. 발전이나 전진을 멈추게 된다. 힘든 건 견뎌도 재미없는 건 못 견디는 게 인간의 본성이다. 그래서 사람들은 가능한 한 즐거운 삶을 꾸리려 애쓴다. 즐거워야 삶이 풍요롭고 가치 있게 느껴지기 때문이다. 인간이 개별적 존재에 머물지 않고 사회적 집단을 구성하게 된 바탕도 노동보다는 즐거움이나 기쁨 등의 정서적인 교류에 있다는 의견이 지배적이다.

문제는, 세상은 결코 공평하지만은 않고, 세상 어디에도 항상 즐겁기만 한 인생은 없다는 점이다. 이는 사회 양극화나 갑을문화, 직장인의 고단한 삶을 상상해 보면 쉽게 알 수 있다. 오늘날 실제적인 완전한 공평의 실현은 불가능하다. 아프리카의 가난한 가정에서 태어난 사람과 유럽 등 선진국의 부잣집에서 태어난 사람 간에는 그 차이가 불가피하기 때문이다.

또한, 현대사회에서 사람은 누구나 생존과 발전을 위한 경쟁을 피할 수 없다. 그리고 경쟁은 반드시 결과로서의 불공평을 남긴다. 그렇다고 사회경제적 측면의 불공평을 마냥 외면하고 방치할 수는 없다. 대도시에서는 좋은 물을 안정적으로 값싸게 마음껏 쓰고, 개발이 더딘 지방에서는 비싼 값에도 모자랄까 봐 가슴 조이면서 물을 써야 한다면 이는 바람직하지도 옳지도 않다. 과거에 비해 생활 전반에 즐거운 일이 훨씬 많은 세상이 되었지만, 그 즐거움이 일부에게만 돌아가는 현실은 개선이 필요하다.

인류역사에서 시민혁명의 전형으로 꼽히는 프랑스혁명도 불공평에서 비롯되었다. 당시 국왕을 중심으로 한 가톨릭 고위성직자와 귀족 등 특권층들은 면세혜택을 누리면서 부와 권력을 독점했고, 나머지 90%가 넘는 평민은 과중한 세금을 부담하며 그들의 사치와 방종을 뒷바라지해야 했다. 프랑스대혁명은 그 과정에서의 유혈과 숙청 등 부작용에도 불구하고, 공평하고 올바른 상태를 이루기 위한, 그리하여 평화로운 공존이 가능한 세상을 만들려는 대담한 노력이었다고 할 수 있다. 프랑스대혁명뿐 아니라 인류사의 많은 혁명이 불공평에서 오는 가혹한 삶을 견디다 못해 반기를 든 것이라 볼 수 있다.

물론 오늘날의 세계에서는 일부 국가를 제외하곤 정치적인 불공평보다는 경제적인 불공평이 보다 심각한 구조적인 문제를 안고 있다. 이 둘이 함께 얽혀 있는 나라도 있지만, 정치적으로 안정된 선진국에서조차 99%대 1%의 대립구조에 대한 숱한 경고와 우려의 목소리에도 불구하고 경제적 불공평은 쉽게 개선이 이루어지지 않고 있다. 한 나라의 정치지도자나 경제정책 입안자들이나 대기업들이 물에서 그 해법을 찾아낼 수 있다면 그것도 하나의 방법이 될 것이라고 생각해 본다.

물은 우리에게 어떻게 하면 공평하고 즐거운 세상을 이룰 수 있을지, 불공평과 즐겁지 않은 삶을 어떻게 해결해 나갈지에 대한 일종의 힌트를 준다. 물은 높낮이[高低]가 없다. 높은 곳에서 낮은 곳으로 흘러 결국은 모든 것을 고르게 하려는 속성을 가지고 있다. 물은 비록 높은 지역에도 있고 낮은 곳에도 있지만, 가능한 한 낮은 곳으로 흘러 높낮이를 없이 하려고 끝없이 노력한다. 바다나 호수의 수평선이 이를 말해 준다. 인간에게도 이러한 노력이 필요하다. 이 노력은, 물이 궁극적으로 이루려는 것이 자연스러움이라는 것, 그러므로 오늘날 우리의 삶은 불공평할 뿐 아니라 부자연스러운 것이라는 데에 대한 명확한 인식과 통렬한 반성에서 출발할 필요가 있다.

사람은 물 앞에서 즐거움을 느낀다. 물이 주변 환경과 조화를 이루어 만들어내는 아름답고 풍요로운 풍경은 기쁨과 평화를 안겨준다. 깨끗한 바다나 계곡에서의 수영, 장난, 놀이 등은 비할 수 없는 즐거움이다. 그래서 물을 찾아 여행을 떠난다. 옛 선조들 또한, 물 좋고 경치 좋은 곳에 정자를 지어 벗들과 음풍농월吟風弄月하기를 즐겼으며, 터를 잡을 때는 배산임수 등 지형을 따졌다. 물은 이처럼 즐거움을 안겨주는 바탕이 조화調和에 있음을 암시한다. 매월당梅月堂 김시습金時習은 정권탈취를 한 세조와 그 무리들에 대한 분노와 원망을 품고 전국의 명승지와 산야를 떠돌아다녔다. 만약 그에게 산과 숲과 그리고 흐르는 물이 없었다면 삶은 견딜 수 없어지고 또 그렇게 뛰어난 시편들을 남기지도 못했을 것이

강진 다산초당 약천에는 아직도 맑은 샘물이 솟고 있다.

다. 우리의 선조들은 유배를 가서도 주변에 물을 두고, 마당에는 샘을 만들어 물을 가까이 했다. 강진의 다산초당茶山艸堂에 가면 다산 정약용丁若鏞이 차를 끓일 때 길어 썼다는 약천藥泉이 있고, 거기엔 나무와 구름이 200년 전처럼 오늘도 맑게 담겨 있다. 다산에게 샘물은 즐거움이자 동시에 민중의 팍팍한 삶에 대한 울분으로 타들어가는 가슴을 잠시나마 가라앉히는 진정제와도 같았을 것이다.

유럽, 북미 등 선진국에는 저마다의 문화와 역사를 살린 아름답고 쾌적한 수변도시가 많다. 물이 가져다주는 활력과 건강, 수려한 경관 등의 장점과 공동체 구성원들이 함께하는 생활의 의미에 일찍 눈떴기 때문이다. 오늘날 많은 이들이 친수 공간, 수변도시, 하천 어메너티amenity에 주목한다. 물 옆에서 일하고 쉬고 피크닉을 즐기고 보트나 요트를 탄다. 우리나라도 이 분야에 많은 노력을 기울이고 있다. 시간을 내어 축제가 이어지는 경인 아라뱃길에 나가 보면 물이 얼마나 큰 즐거움을 주는지 직접 느낄 수 있을 것이다. 한강과 서해를 연결하는 18㎞의 내륙뱃길은 선박운행과 홍수조절 기능 외에도 심미적인 아름다움과 즐거움을 시민들에게 사시사철 제공하고 있다.

물론 태국, 베트남 등 동남아에서는 강물 위에 집을 짓고 사는 이들도 있다. 이들의 생활은 쾌적함과는 거리가 있는, 물에서 물로 이동하는 고단하고 불안한 삶을 살고 있다.

헤밍웨이의 소설 『무기여 잘 있거라』에서는, 제1차 세계대전에

태국의 수상가옥

참전한 미군 장교 프레데릭이 종군 간호사 캐서린과 함께 이태리 전선에서의 탈출을 시도한다. 둘은 보트로 밤새 호수를 건너 스위스로 간다. 그나마 이들은 수중에 돈이 있고 연인이라는 낭만성도 갖추었다. 그러나 그 수가 수천만에 이르는 아프리카나 중동이나 동남아 난민들은, 수송선이나 어선에 의지해 바다를 건너다 수장되기도 하고 장기간 파도와 사투를 벌인다. 이들에게 물은 그들을 자유의 세계로 데려갈 수 있는 유일한 통로이기도 하고 자칫하면 목숨을 내놓아야 하는 위험한 대상이기도 하다.

물은 공평하지만, 물을 향유하는 사람과 물이 곧 생존인 사람, 그리고 물에 의지해 탈출할 수밖에 없는 사람들을 차별하지 않는다는 면에 있어서도 잔인한 공평을 이룬다. 우리는 세계의 모든 사람들이 물을 위험 없이 즐길 수 있는, 그러한 공평한 세상을 꿈꾼다.

공평과 즐거움을 바라고 이를 이루고자 노력하는 것은 인간의 당연한 권리이자 의무다. 우리 모두에게는 세상의 크고 작은 불공평을 새롭게 인지해서 이를 회피하지 않고 해결해 나가도록 애써야 하는 책임이 있다. 왜 공평하지 않은지 질문하고 행동하고 또 극복해 나가야 한다. 특히, 물을 이용하는 것과 관련한 평등과 공평이 '정의의 문제'라는 걸 다시 인식해야 한다. 물 관련 국가정책의 기본방향이나 철학 등에 대한 사회적 합의를 바탕으로, 물의 혜택에서 소외받는 이들이 없도록 해야 한다.

즐거움 역시, 인생의 참 의미가 어디에 있으며 어떻게 사는 것이 정말 바람직한지 새로운 생각과 접근이 필요하다. 참 즐거움을 만끽함으로써 행복한 삶에 더욱 가까이 다가가야 한다. 물은 이에 대한 훌륭한 답안을 암시한다. 물에서 비롯되는 즐거움, 평안함, 기쁨을 키우는 일이 인간의 행복을 가꾸는 일과 멀리 떨어져 있지 않다는 것을 곰곰이 생각해 보자.

물론, 물이 가져다주는 즐거움이나 아름다움, 안락함 등에 취해 물의 또 다른 얼굴인 '무섭고도 냉정하며 가차 없고 잔인하기까지 한 얼굴'을 잊어서는 안 될 것이다. 물의 길과 사람의 희망이 엇갈리는 건 어찌할 수 없다. 물이 우리에게 제공하는 공평함과 즐거움을 기꺼이 누리면서도, 인간이 물의 길을 가로막지 않고 또 물이 인간의 행복을 저해하는 일이 없도록, 경계의 마음과 슬기로운 대처를 잊지 않아야겠다.

질서를 지키면서도 목적이 달성된다

물에는 기본적인 질서가 있다. 질서의 기본은 3장에서도 말한 바와 같이, 높은 곳에서 낮은 곳으로, 위에서 아래로 흐르는 것이다. 흐르다 길이 막혀도 돌아갈 곳만 있으면 어디든지 언제까지든지 돌아서 흘러 결국 바다를 향한다. 질서 속에서도 끝내 목적을 달성하는 물은 질서의 중요성을 새롭게 귀띔한다. 질서는 또한, 단순히 순서를 지키라는 것이 아니다. 타인을 배려하고 스스로를 절제하는 마음을 포함한다. 사회가 복잡할수록, 인간이 모여 사는 곳의 질서는 더욱 필요하다. 인간은 윤리를 중시하는 사회적인 존재이며, 무질서는 불필요한 혼란을 야기하기 때문이다.

물은 아래로 흐른다. 때문에 윗물이 더러우면 아랫물도 더럽기 쉽다. 인간사회도 그렇다. 사회지도층 인사들이 정직하고 믿을 만하면 세상은 좀 더 살 만하고 평화로울 것이다. 사회지도층에서 법을 어겨 가며 온갖 사익을 취하는데, 서민들에게는 사소한 것까지도 법률 적용을 엄격히 하면 불만이 커지고 힘이 들어 일하려는 의지조차 꺾인다. 정치 역시 국민을 진정한 나라의 주인으로 여기는 정치라야만 제 역할을 다할 수 있다. 돈도 마찬가지다. 전망이 불투명하고 적절한 투자처가 보이지 않는다는 이유로, 가뭄이 들었는데도 댐의 물을 가둬놓는 식으로 상위의 소수가 돈을 가둬두고 있으면, 경기회복과 경제의 활력을 되찾는 일은 더욱 요원해진다.

과거 농촌에서는 가뭄이 심해지면 물꼬싸움이 잦았다. 물은 모자라고 타들어가는 논밭은 많았기 때문이다. 차례대로 각자의 논에 물을 대는 것이 가장 효율적인 방법이었지만, 알곡을 맺어 수확을 얻으려면 분초를 다퉈야 했기에 사람들은 '나 먼저'를 내세우기 바빴다.

2015년, 40여 년 만의 가뭄으로 바닥을 드러낸 보령댐

질병이나 재난이 무질서를 부르는 경우도 있다. 중세시대 유럽 전역을 공포로 몰아넣은 흑사병이 그 예다. 병 자체가 무서운 재앙이었을 뿐 아니라, 전염을 겁낸 의사들이 환자를 돌보려 하지 않았다. 심지어 가족조차 환자와 사망자를 방치했다. 가족은 해체되고 공동체 의식, 도덕의식은 사라졌다. 재난이 혼란과 무질서를 부르고, 혼란과 무질서가 다시 더욱 큰 비극을 부르는 악순환이 되풀이되었다고 할까. 사르트르와 함께 전후 실존주의 문학의 양

대 산맥이자 우리에게는 『이방인』으로 유명한 알베르 카뮈의 소설 『페스트』는, 가상의 도시 오랑 시에서 페스트와 싸우며 묵묵히 책무를 다하는 사람들을 그린 작품이다. 여기서 카뮈는 인간은 어떤 상황에서도 옳다고 생각하는 것에 대한 신념과 공동체에 대한 선한 의지를 포기하지 않아야 한다는 것을 요란스럽지 않은 방식으로 보여준다. 혼란과 무질서는, 겉으로 드러나는 것 외에도 인간의 심성이 중심을 잡지 못하고 혼돈과 이기심에 빠져 있을 때 표출되는 것이라고 보기 때문이다.

분명한 사실은 이해와 배려, 상생과 공존의 철학이 없으면 그곳에는 반드시 혼란과 무질서가 자란다는 점이다. 이런 점에서 장벽을 만나면 우회하고, 웅덩이를 만나면 웅덩이가 차기를 기다리는 물의 모습은 우리에게 중요한 한 가지를 가르쳐준다. 당장의 어려움과 갈등 때문에 좌절하거나 무분별하게 싸우지 말라고 타이른다. 희망을 키우고 서로를 껴안아 앞으로 나가라고 안내한다. 물론, 질서가 모든 문제의 정답은 아니다. 높은 곳에서 아래로 흐르는 것이 꼭 옳지만은 않을 수 있다. 상사의 꾸지람으로 인한 화를 아랫사람에게 푸는 것이 그 예다. 질서는 배려와 상생의 다른 이름일 수 있다. 상의하달上意下達보다 하의상달下意上達이 더 중요할 수 있음을 인정하는 마음이 필요하다.

어쨌건 물은 아래로 흐르는 것이 본성에 가깝고 자연스럽다. 우리가 정말 관심을 가져야 할 것은 물이 어떠한 장벽에도 굴하지 않고 흐르고 흘러 끝내는 바다에 이른다는 점이다. 빨라도 느려도 결국에는 목적을 달성하는 점이다. 이러한 사실은 우리에게 인내와 끈기를 비롯한 많은 것을 일깨워준다. 생각과 시야를 키워준다. 눈앞의 작은 이익과 이기심 등에 얽매어 다투고 싸우기보다는, 모든 것을 껴안는 바다와 같이 서로 이해하고 협력해 상생발전의 길을 찾으라고 권한다. 서로 다투기보다는 더불어 행복한 세상을 만드는 게 낫지 않겠느냐고 묻는다.

홍수가 휩쓸고 간 뒤 부서진 다리와 남겨진 쓰레기

물 흐름이 아래로 향하는 것이 자연스럽다고 해도, 그 결과가 참담한 때가 있다. 집중호우나 홍수, 우박 등의 물재난이 그렇다. 2010년에 있었던 파키스탄 대홍수는 약 1,600명의 사망자와 430억 달러의 재산피해를 일으키고, 전국토의 20%를 침수시켰다. 1999년 베네수엘라에서는 홍수에 산사태가 겹치며 2만여 명의 사망자에 수천 명이 실종되고 150억 달러의 피해가 발생했다. 가까이 북한에서도 2007년의 홍수에 600여 명의 사망자와 90여만의 수재민, 24만 채의 주택 붕괴, 8천여 개의 공공시설 및 다수의 기간산업이 파괴된 것으로 알려지고 있다.

때문에 물의 성난 얼굴에 대비한 평소의 준비가 중요하다. 거안사위居安思危, 미리 준비해 두지 않으면 큰 불행을 겪을 수 있다. 물은 정해진 길로만 순하게 다니지 않는다는 사실을 잊으면 안 된다. 망우보뢰亡牛補牢, 소 잃고 외양간 고치는 식의 대처나 임시변통臨時變通의 땜질 식 처방은 더 큰 불행을 예약하는 것일 수 있다.

물은 바다에서 그 여정을 마치지만, 그 여정은 끝이 아니라 또 다른 시작이며 이러한 과정은 영원히 순환하는 특성을 갖고 있다. 우리 인간도 삶을 마치는 걸로 끝이 아니다. 자손과 후손이 태어나고 그들이 살아가는 세상은 지금보다 더 나아져야 한다는 바람을 우리는 갖고 있다. 비록 육체적인 생명은 다하더라도 우리가 살았던 궤적은 이 세상에 남는다. 오늘의 물이 어제의 물이 아니고 미래의 물 또한 오늘의 물은 아니겠지만, 우리의 신념과 노력이 담긴 물은 시대와 세대를 거쳐 영원히 흐르게 될 것이다. 순환하는 물은, 우리의 영혼이 꿈꾸는 바와 같이, 영원을 지향하는 도저到底한 흐름이다.

조화로운 삶 속에 진리가 있다

물은 주변과 조화하고 어울리려는 본성이 있다. 그러면서도 모자람과 지나침을 경계한다. 자신의 형태를 하나로 고집하지도 않는다. 유연하고 부드럽다. 성난 홍수도 질주와 파괴의 시간이 지난 뒤에는 본래의 잔잔한 흐름을 되찾고, 고요히 흐르는 시냇물도 때로는 무시무시한 급류나 굉음을 지르는 폭포로 돌변한다. 외유내강外柔內剛하고 과유불급過猶不及하다. 물의 이러한 본성 속에는 행복한 삶을 위해 우리가 해야 할 일의 모습이 숨겨져 있다.

세상에 변하지 않는 것은 없다. 어제 불던 바람은 오늘 부는 바람과 다르고, 어제 보았던 달과 오늘 보는 달의 모양은 똑같지 않다. 사람도 변한다. 표정이 바뀌고 마음가짐과 세상을 보는 눈과 성격이 달라지고 씀씀이도 변한다. 가난할 때와 넉넉해졌을 때의 자세가 다르고, 권력을 쥐었을 때와 권력을 잃었을 때의 모습이 다르다. 도움을 줄 때와 도움을 받을 때의 표정이 한결같기 어렵다. 물론, 이러한 변화는 자연스러운 것이다. 그러나 변화가 극단으로 치달을 경우에는 얘기가 다르다. 조화를 잃고 파괴되거나 무너지게 된다. 개인, 집단, 조직, 예술, 문화 등 인간세계의 모든 것이 마찬가지다.

일찍이 단재丹齋 신채호申采浩 선생은 역사를 '아我와 비아非我의 투쟁'으로 규정했다. 사람은 늘 싸운다. 이익, 이념, 명예, 체면 때문에 서로 싸운다. 혈연, 지연, 학연 등에 기대어 편을 가르고, 정파적 프레임 등에 갇혀 똑같은 주장을 반복한다. 6·25전쟁만 해도 남북의 이념적, 정치적 갈등이 깊어진 상황에서, 이의 틈을 노린 북이 야심을 품고 저지른 비극이다. 인종청소라는 잔혹한 만행으로 이어진 코소보 사태 역시 민족 간의 다툼이 극단으로 치달은 결과다. 의욕만 앞서는 운동선수는 제 기량을 발휘하지 못하고 자칫 퇴장으로 이어져 팀 전체의 사기를 꺾는다. 사랑도 극단적인 짝사랑이나 집착이 되면 비극을 낳는다. 애국심 또한 지나치면 인종차별이나 배타적 민족주의로 변한다. 이러한 악순환에서 벗어나려면 해법을 찾아야 한다. 삶에 대한 새로운 시각과 조화가 필요한 대목이다.

오스트리아 할슈타트 호수

충북 청원 돌다리

물은 지형에 따라 흐름이 정해지나, 항상 주변과 조화하고자 애쓴다. 이처럼 끊임없이 변화하며 주변과 조화를 이루는 물의 모습은 시사하는 바가 적지 않다. '처세의 한 방편'이 될 수 있고, 기업의 경영에도 좋은 본보기가 된다. 경제전망이 불투명하거나 부채감축 또는 재무건전성 제고가 시급할 때, '물은 그 모습을 고정하지 않는다.'는 '수무상형水無常形'을 새해 화두로 꼽는 기업이 있다.

비즈니스 협상의 경우에 상대의 성격이나 취향에 맞추어 전략을 달리하는 것도 그렇고, 플레이할 골프장에 따라 연습방법을 바꾸는 골퍼도 변화를 통해 조화를 구하는 물의 모습과 서로 통한다. 근래 커다란 관심 속에 여러 실질적인 성과를 거두고 있는 '양성평등'이나 '일, 가정 병립竝立'의 경우에도 변화하고 조화하는 물의 모습은 좋은 본보기가 된다.

물처럼 변화하고 조화하는 삶이라면 흔히 자연 속에서 자연과 더불어 살아가는 걸 연상하지만, 이것만이 전부는 아니다. 무엇보다 인간답게 살아가기 위한 조화가 중요하다. 몸과 마음의 조화는 건강한 삶을 영위하는 뼈대다. 수입과 지출의 조화는 사업을 발전시키거나 행복한 가정을 안정적으로 꾸려가는 바탕이 된다. 생각과 행동의 조화는 주어진 일을 원만하게 처리하게 하는 원동력이 된다.

조화는 또한, 인간사회를 존속시키고 지속가능하게 하는 중요한 토대가 된다. 인간사회의 조화는 타인에 대한 생각과 타인과의 관계에 의해 결정되고 좌우된다. 그리고 여기에는 공감, 배려, 협조, 조정, 타협, 상생 등이 큰 영향을 미친다. 조화는 결국, 함께 그리고 더불어 살고자 노력하는 속에 이루어진다 하겠다. 조화가 깨지면 그것을 되돌리려는 시도만 해도 많은 시간과 힘이 들어가기 마련이다.

이구동성異口同聲으로, 세계의 많은 학자들과 전문가들이 단언하는 것이 있다. '앞으로는 모든 상황에 물과 같이 유연하게 대처하는 능력이 특히 중요하다!' 인정하건 않건 시간의 흐름과 시대의 변화는 거스르기 어렵다. 따라서 변화와 함께 나아갈 수 있어야 삶과 사회가 지속 가능하다. 매일매일 똑같이 흐르는 것처럼 보이는 물에서 매일매일 새로운 가치와 의미를 찾는 일이야말로 물을 대하는 사람의 가장 바르고 바람직한 자세라고 믿는다.

물 쉼터

물의 재앙을 다룬 영화들

물이 소재가 된 영화는 많다. 동남아 쓰나미 사건을 소재로 한 이완 맥그리거 주연의 〈더 임파서블〉, 부커상을 받은 얀 마텔의 소설 『파이 이야기』를 원작으로 한 이안 감독의 〈라이프 오브 파이〉, 그리고 지구온난화로 남북극 빙하가 녹은 후의 빙하시대를 연출한 〈투모로우〉 등이 대표적이다. 그 외에도 〈타이타닉〉이나 〈포세이돈 어드벤처〉 등이 잘 알려져 있다. 우리나라 영화로는 〈해운대〉를 들 수 있다.
물과 관련된 재난영화에서는, 극한상황이나 지구환경 변화에 따른 우려와 불안을 가중시키는 것들이 많다. 흥미요소 외에도 물에 대한 우리의 잠재적인 공포를 일깨운다. 재난 영화가 아니라도 물과 관련된 인간의 심성을 다룬 작품도 있다. 프랑스 영화 〈마농의 샘〉과 미국 영화 〈차이나타운〉이 대표적이다.

조그마한 양보와 희생이 서로의 삶을 보장한다

물은 양보와 희생을 통해 많은 일을 한다. 동식물이 자라도록 하고, 산업시설의 가동을 도우며, 불을 꺼서 화재를 막는다. 높은 곳에서 몸을 던져 터빈을 돌려 전기를 생산한다. 때로는 얼음의 모습으로 때로는 수증기 형태로 변해서도 여러 일을 한다. 뜨거운 것을 식혀주고 부패를 막고 음식물을 익히고 힘센 동력원이 된다. 숲과의 상생으로 강물이 일정한 흐름을 이어가고, 황폐하고 메마른 땅에 흡수되어 생명이 자랄 수 있는 부드럽고 촉촉한 땅을 만든다. 생활 속에서는 밥상의 국이 되고 커피를 끓일 수 있는 물이 되어 입맛을 돋우고 기호를 만족시킨다. 화장품이 되어 피부에 스며들기도 한다. 그러면서도 공로를 자랑하거나 형태와 성분이 변한 것에 대해서 불평하지 않는다.

현실세계에서 양보와 희생을 좋아하는 사람은 그리 많지 않다. 특히, 치열한 경쟁 속에 하루하루를 버텨야 하는 현대사회에서는 더욱 그렇다. '양보하고 희생해 봤자 누가 알아준다고? 양보하면 고마워하기는 커녕 당연시하고 또 양보해 주길 바랄걸!' 오늘날 양보와 희생은, 별 가치 없는 일방적으

봄기운으로 얼음이 녹고 있다.

로 손해만 보는 못난 행동으로까지 전락해 버린 느낌이다. 이런 점에서 물은 현명하고도 바람직한 길을 알려준다. 상생과 협력이다. 서로 상생相生하면 지속가능[常生]하고 더욱 가치 있는 삶[上生]을 살 수 있다고 조용히 외친다.

성경의 창세기 13장에는, 가축을 키울 땅의 선택권을 롯에게 양보한 아브라함 얘기가 나온다. 아브라함이 조카 롯에게 양보한 까닭은 갈등과 다툼을 피하기 위해서였다. 욕심 많은 롯은 보기에도 좋은 요단 지역을 선택했고, 아브라함은 가나안 땅에 살게 되었다. 롯은 싸움을 아브라함은 양보를 택했다. 추후의 결과는 차치하고, 아브라함의 양보는 갈등과 다툼을 피하게 만들었다. 이는 국제관계에도 적용할 수 있다. 인정이나 사과만으로도 국가 간의 관계가 좋아질 수 있다. 유대인 학살 등의 잘못을 인정하고 사과를 거듭한 독일과, 시치미와 억지주장으로 위안부 등의 명백한 전쟁범죄를 나 몰라라 하는 일본의 경우가 좋은 예다. 과연 어느 나라를 우방으로 두고 싶어 하고, 글로벌 리더로 인정하겠는가.

댐이 생기면 하류지역에서는 큰 변화를 맞는다. 물이 줄거나 환경이 바뀌기 때문이다. 당연히 상류와 하류 간에는 갈등이 발생한다. 누구의 필요에 의해서건, 일단 물 흐름에 변화가 생기면 갈등은 불가피하다. 사전에 일정수준의 공감과 합의가 있었다 해도 갈등의 영구적인 방지는 어렵다. 서로 한 걸음씩 물러나서 상대방의 입장을 이해하려는 노력이 필요하다. 하류지역의 너그러운 마음과 상류지역의 상생하려는 정신이 중요하다. 피해의식과 자존심

만을 앞세우면 갈등의 해결은 어렵다. 갈등의 폭을 줄여 공존, 공영, 상생할 수 있는 길을 찾아야 한다.

『본생경本生經』이라는 불경에도 갈등을 해소하고 상생의 길을 찾는 두 종족의 모습이 나온다. 콜리족과 석가족은 원래 로히니 강을 사이에 두고 평화롭게 지내던 사돈지간이었다. 그런데 어느 여름 가뭄이 들고 곡식이 타들어가자 물 때문에 시비가 붙어 전쟁을 불사할 상황까지 이르렀다. 이에 부처가 싸움을 중재했다. '물이 사람보다 더 중요하느냐?'는 것이 부처의 물음이었다. 결국 두 종족은 화해를 하였다는 얘기다. 이는 물이 중요하지 않다는 얘기는 결코 아닐 것이다. 물 한 방울 속에 팔만 사천 대중大衆, 즉 팔만 사천의 생명이 살고 있다고 설법하신 부처가 물의 중요성을 간과할 리가 있었겠는가.

여기엔 두 가지 교훈이 들어 있다고 볼 수 있다. 하나는 아주 가까운 사이라도 자신의 이익을 우선하면 분쟁이 일어나기 쉽다

봄이 다가오며 얼음장 아래로 물이 흐르고 있다.

는 것이며, 또 하나는 양보로 상생의 길을 가면 물과 사람의 가치가 함께 높아질 수 있다는 것이다. 2천5백 년 전의 일이지만 오늘날에도 여전히 유효한 얘기라고 할 수 있다.

물은 또 거버넌스Governance의 중요성을 강조한다. 현대의 물 분쟁은 석가 시대처럼 단순히 두 종족 간의 문제로 그치지 않는다. 물을 놓고 다양한 계층의 다양한 사람들이 다투고 있고, 이해관계의 조정은 점점 힘들어만진다. 제방을 쌓아 홍수에 대비할 때, 한쪽이 아무리 철저히 준비해도 다른 한쪽이 조금만 소홀히 하면 제대로 된 제방을 세울 수 없다. 서로 같은 정도로 함께 준비해야만 모든 일에 제대로 대응할 수 있다. 이해관계가 다른 행위주체들이 공통의 정책을 목표로 수평적이고 긴밀한 네트워크를 갖춘 상태에서, 상호신뢰의 파트너십에 바탕을 둔 협력과 자율적인 조정을 통해 의사를 결정하면, 갈등을 최소화할 수 있고 상생이 가능해진다. 장기적 안목의 슬기로운 물관리가 더욱 필요해지는 이유다.

수도권 주민의 가장 중요한 생명줄인 소양강다목적댐만 해도 수몰민과 이주민을 비롯한 많은 분들의 양보와 희생 덕분에 만들어졌다. 그분들이 희생하고 양보하지 않았더라면, 서울과 수도권의 물 사정은 지금과는 크게 달라졌을 것이다. 최소한 지금처럼 마음 놓고 수돗물을 쓰고 마실 수는 없을 것이다. 역사는 이처럼 많은 사람의 희생과 양보를 딛고 굴러왔다. 때문에 오늘의 우리가 존재한다. 따라서 양보나 희생이 결코 일방적으로 손해만 보는 못난 행동이 아님을 알 수 있다. 양보와 희생은 갈등과 다툼을 없앨 수 있고, 갈등과 다툼이 있다 하더라도 그것을 정반합의 촉매제로 활용하여 더 큰 대의를 이루는 데 밑거름으로 삼을 수 있다. 결국 우리는 더 좋은 세상에서 살 수 있는 것이다.

마찬가지로, 양보와 희생을 통하여 혜택을 받는 사람들의 자세도 중요하다. 내가 현재 받고 있는 혜택이나 앞으로 받을 혜택이 당연하다고 지나치는 경우는 크게 경계하여야 한다. 자칫 베푼 사람들로 하여금, 양보와 희생이 헛된 것이었다고 후회하게 하거나 더 이상 그와 같은 정신이 필요 없다고 느끼게 할 수 있기 때문이다. 앞에서 얘기한 소양강다목적댐 덕분에 심한 가뭄에도 물 걱정 없이 살 수 있다는 사실을 수도권 주민들이 인식하고 있다면, 양보와 희생을 한 분들에 대한 따뜻한 말 한마디 할 수는 있지 않은가! 아니 더 나아가 조금이라도 그들의 고통이나 아쉬움을 함께하기 위한 노력을 해본다면, 그들의 억울했던, 아쉬웠던 마음이 많이 누그러질 것이다.

수도권의 많은 사람들이, 물 공급이 팔당댐에서 이루어지는 것으로 생각하고 있다. 이 생각이 틀린 것은 아니지만, 팔당댐보다 훨씬 상류에 있는 강원도에 위치하고 있는 소양강다목적댐과 충청북도에 위치하고 있는 충주다목적댐이 없다면, 2015년과 같은 극심한 가뭄을 결코 견뎌내지 못했으리라는 사실을 아는 분들이 많지 않은 것도 아쉬운 점이다. 수도권의 상수원인 팔당댐의 저수

수도권의 생명줄인 소양강다목적댐

용량은 2억 톤 정도로 수도권 2500만 명이 한 달간 사용하는 용량에 불과하다. 따라서 비가 매월 내려주지 않는다면, 팔당댐의 저수용량으로는 한 달 사용하고 나면 더 이상 사용할 물이 없다는 것이다.

그럼에도 불구하고 끊임없이 팔당댐이 채워지는 것은, 29억 톤의 저수용량을 가진 소양강다목적댐과 27억 톤의 저수용량을 가진 충주다목적댐에서 중단 없이 매월 2억 톤의 물을 팔당댐에 보내주고 있기 때문이다. 이로 인해서 늘 팔당댐이 채워져 있는 것처럼 보이고 이를 통하여 수도권 주민들이 아무 걱정 없이 물을 사용하고 있는 것이다. 다시 말하면 소양강다목적댐 상류의 주민들과 충주다목적댐 상류의 주민들의 희생과 양보 아래 수도권 주민들이 물 걱정 없이 생활을 영위하는 것이다. 따라서 수도권 주민들이 이에 대한 고마운 마음을 전하고, 상류지역 주민들이 이를 기쁘게 받아주는 문화도 바람직해 보인다.

결론적으로, 물과 사람은 다르지만, 이렇듯 물의 본성과 사람의 본성이 닮았다는 것은 우리에게 큰 희망을 준다. 삶을 살아감에 있어 물에서 보여주는 본성을 제대로 이해해서 우리 삶에 잘 적용해 나간다면 우리의 사회가 보다 더 윤택해질 수 있기 때문이다.

물 쉼터

황 학 루 송 맹 호 연 지 광 릉

黃鶴樓送孟浩然之廣陵 황학루에서 맹호연을 광릉으로 떠나보내며

이백李白(701-762)

고 인 서 사 황 학 루 故人西辭黃鶴樓	옛 친구는 황학루를 떠나
연 화 삼 월 하 양 주 烟花三月下揚州	꽃피는 삼월에 양주로 내려갔네.
고 범 원 영 벽 공 진 孤帆遠影碧空盡	외로운 돛단배의 먼 그림자 푸른 하늘로 사라지고,
유 견 장 강 천 제 류 唯見長江天際流	보이는 것은 다만 하늘에 닿은 듯한 장강물뿐.

황학루는 양자강에 있는 누각이다. 두보와 함께 중국을 대표하는 시선詩仙 이백이 벗이자 선배인 맹호연 시인과 이별하며 읊은 시로 양자강의 풍경이 눈앞에 있는 듯 선하다. 시인은 하늘에 닿은 듯한 양자강 물에서 석별의 정이 가없음을 표현하고 있다. 시에서 벗을 떠나보내는 것도 강이고, 빈 가슴을 저리게 하는 것도 강이다. 강은 이처럼 사람의 삶과 유한한 세월을 노래하는 시인들에게 마르지 않는 영감을 끊임없이 제공해 왔다.

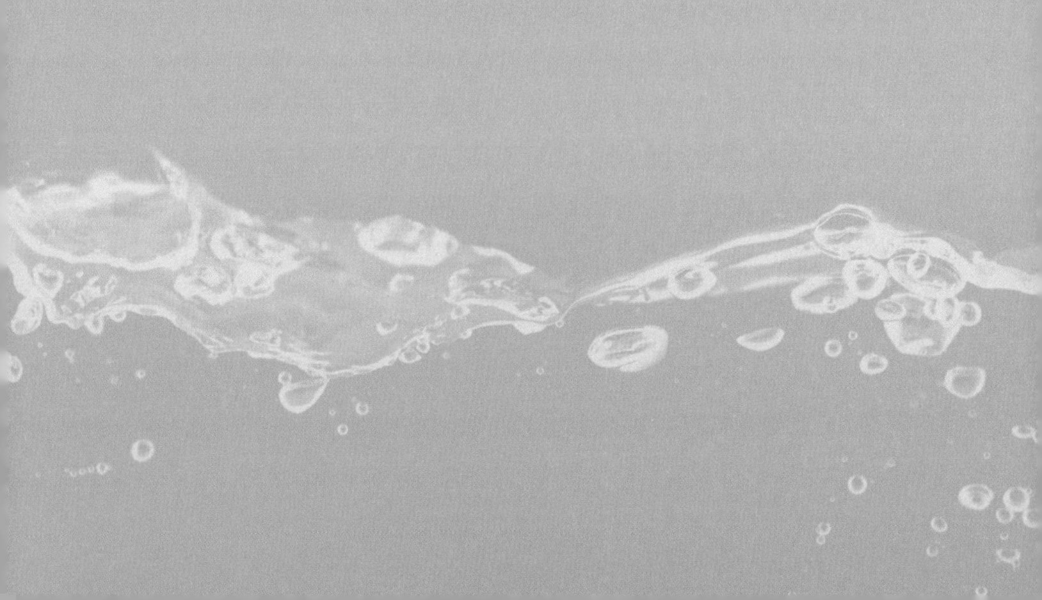

5장

점점 깊어지는 물 갈등

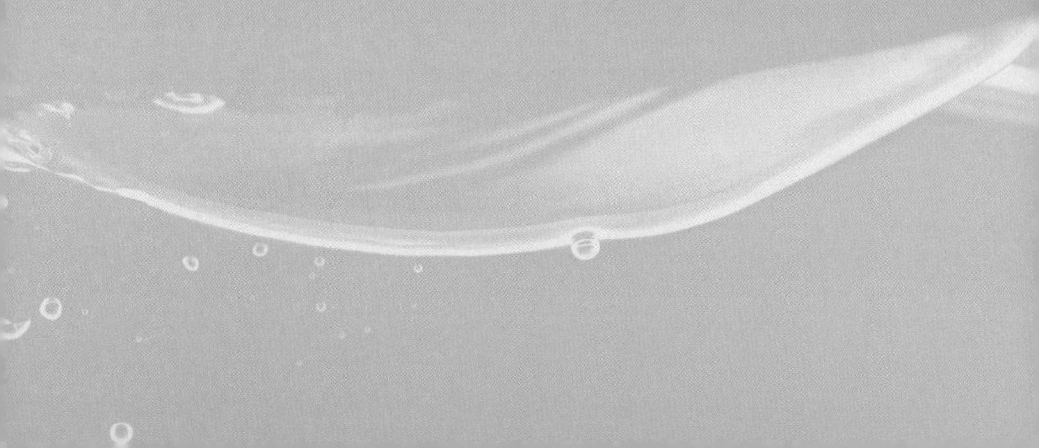

• 사람과 사람, 사람과 자연이 서로 조화를 이루며 함께 살아가고 같이 번영하는 것은 모든 이들의 바람이다. 적어도 그런 세상을 위해 애쓰는 것이 삶을 대하는 바른 태도라고 믿는다. 그런데도 우리는 반목과 갈등, 충돌과 투쟁을 멈추지 않는다. 생존하려면 피할 수 없어서일까. 이기심이나 잘못된 법과 제도 때문일까. 현존하는 반목과 갈등의 대부분은 어쩜 배워야 할 물의 본성을 외면한 데서 비롯된다고 하면 지나친 말일까? 우리가 물의 본성을 깊이 이해하고 받아들인다면 사정은 달라질 수 있다고 보기 때문이다.

하천의 가장 큰 특징은 흐름과 연결이다. 상류가 오염되면 하류까지 영향을 받는다. 댐이나 둑을 막아 다른 지역으로 물길을 돌리면, 하류의 환경변화는 불가피하다. 물이 줄거나 없어지기 때문이다. 이익문제나 추구하는 바가 다를 수 있는 상류와 하류 간에는 당연히 갈등이 불거진다. 물이 풍부한 지역의 물을, 물이 부족한 지역에 보내 물 이용에 원활을 기하는 일도 그렇다. 서로 입장이 다르고 시각에 차이가 있다. 한 걸음 물러서서 상대의 입장을 이해하려 노력하면 좋겠지만, 현실은 그리 만만치 않다. 피해의식과 자존심 등이 작용하고, 이해관계도 워낙 복잡하다. 대다수가 동의하더라도 소수가 반대하면 전체가 흐트러질 수도 있다.

물은 원래 그 순환과 주기가 매우 복잡하다. 더구나 기후변화 등의 영향으로 최근 그 과정은 더욱 빠르게 바뀌고 있다. 물을 사이에 두고 다양한 계층의 다양한 사람들이 다투고 있고, 이해관계의 조정은 갈수록 힘겨워지고 있다. 어느 일방이 철저히 준비한다고 해도 상대방이 문제에 소홀히 대처하는 경우에는 갈등의 조정과 해소는 어려워진다. 장기적 안목의 슬기로운 접근이 필요하다. 혜택과 부담에 공평을 기해야 한다. 이해관계가 다를수록, 신뢰의 파트너십에 바탕을 둔 협력과 자율적인 조정을 통해 의사를 결정할 필요가 있다.

오늘날 세계인의 대표적인 공통 관심사는 무엇일까? 더욱 즐겁게 잘사는 일, 더 넉넉히 생활하는 일이 아닐까 생각한다. 이처럼 더 즐겁게 더 넉넉히 쓰며 잘살기 위해서는 경쟁이 불가피하다. 자원이 한정되어 있기 때문이다. 이러한 경쟁은 사회적, 생태적으로 인류를 지속 가능하지 않은 세상으로 이끌 수 있다. 삼성경제연구소에서는 우리 사회의 갈등비용을 연간 82조 원에서 최대 246조 원으로 분석한다(2013년). 1인당 국내총생산GDP의 27%를 갈등비용으로 지불한다는 것이다.

물 이용은 현대적 의미의 경제개발 추진에 매우 중요한 역할을 해왔다. 그리고 물 이용을 지속적으로 늘리는 경제개발은 커다란 물질적 혜택을 인간에게 주었지만, 다른 생물종이나 물 이용에서 소외된 계층에게는 큰 희생을 강요하기도 했다. 인구가 증가하고 도시화, 산업화가 진전되면서 물 사용량은 늘어나는데, 기후변화 등의 영향으로 쓸 수 있는 물의 양은 줄고 있는 것도 큰 문제다. 물 갈등이 끊이지 않고 있고, 물꼬싸움은 지역 간 분쟁에서 더 나아가 국가 간의 전쟁으로까지 확산되는 상황이다.

물 갈등은 특정 상황이나 상태, 사안을 보고 느끼는 태도의 차이에서 비롯되는 일이 많다. 상류는 자유로운 재산권 행사만을, 하류는 깨끗한 상수원만을 고집하는 것이 좋은 예다. 한쪽에게는 대수롭지 않은 일이 다른 쪽에는 큰일로 느껴질 수도 있다. 정서가 서로 다를 수도 있고, 의사소통이 잘 되지 않아 갈등이 유발되기도 한다. 이때 필요한 태도가 양보와 희생이다. 질서를 지키려는 노력과 상대방에 대한 관심과 배려, 상생의 정신이다.

대부분의 물 갈등은 하천을 사이에 두고 벌어진다. 갈등은 상황을 악화시키는 등 여러 역기능을 낳는다. 물론, 순기능도 있다. 적당한 갈등은 잘만 조정하면 지역이나 조직에 창조적, 혁신적 분위기를 불어넣는다. 사회적 통합에도 도움이 될 수 있다. 중요한 것은 소통과 대화가 작동하는 갈등과 그렇지 않은 갈등은 그 위험성이나 유해성에서 큰 차이가 있다는 점이다.

물 갈등이 일어나는 원인

물 갈등이 일어나는 원인은 여러 가지가 있다. 필요한 물의 양이 한정되어 있는데 사용하고자 하는 욕구가 늘어날 때 불가피하게 발생하기도 하고, 상·하류를 흐르는 개천이나 강을 두고 상류부에 위치하고 있는 주민들과 중·하류부에 위치하고 있는 주민들과 갈등을 겪기도 한다. 물을 확보하고 있는 지자체와 물 확보가 어려운 지자체 간에 물의 양보 또는 공유를 두고도 갈등이 일어나기도 하고, 흐르는 하천에 오염원을 배출하는 사람들과 물을 취수하여 식수원이나 농업용수 등으로 사용하고 있는 사람들과의 갈등도 일어난다. 기득수리권을 가지고 있는 이용자와 신규수리권을 원하는 사람들과도 갈등이 일어나며 개발과 보전에 대한 생각이 다른 사람들 간에도 갈등이 일어난다. 이와 같은 갈등은 국가 간에도 일어나고 지자체와 지자체 간에도 일어나며 개인 간에도 발생한다. 이 중에서 가장 많은 갈등은 아무래도 물을 더 많이 사용하고자 하는 데에서 발생되지 않나 싶다.

21세기 들어 대다수의 국가에서 인구증가에 따른 식량수요 증대, 도시화와 산업화의 진전에 따른 생활양식의 변화로 이전보다 더 많은 양의 물이 필요하게 되었다. 생활용수와 농업용수에 국한되었던 물 이용이 산업용수로 확대된 것이다. 이러한 물 수요 증가는 한 나라 안에서 나타나기도 하지만, 2개국 이상을 흐르는 공유하천에서 국가 간의 물 갈등과 분쟁으로 이어지고도 있다. 특히 요르단 강, 나일 강, 메콩 강의 물 분쟁은 갈수록 심화되고 있는 상황이다.

환경의 변화에 따른 수질오염도 물 갈등의 큰 요인이다. 수질오염의 책임 문제와 오염된 물의 정화 및 환경개선에 드는 비용부담 등으로 갈등을 빚는다. 수질오염의 요인들로는 공장폐수, 축산폐수, 농약 오염, 세제나 음식물쓰레기 등이 있다. 특히 상류지역에서 물을 오염시키면 그 피해는 고스란히 하류로 이어진다. 1986년 스위스 화학공장의 화약약품 누수로 인한 라인 강 상류의 오염이 대표적인 예다.

최근 들어 기후변화의 영향이 커지면서 물 갈등이 점차 복잡해지고 있다. 즉, 과거와 다른 패턴의 강우가 나타나면서 홍수나 가뭄이 증가하기도 하고, 전체적으로도 강우가 크게 늘어나거나 크게 줄어들어 과거와 같은 방식으로 물을 사용하거나 나누는 것을 지속하기가 어려워지면서 새로운 갈등이 나타나기도 한다.

물 쉼터

강가Ganga, 끝없이 변하면서 영원히 변치 않는 인도의 상징

강가Ganga는 갠지스 강을 이르는 힌디어다. 갠지스 강이면서 또한 강의 여신이기도 하다. 힌두교도들에게 갠지스 강은 곧 신의 존재 그 자체다. 속세의 죄를 씻고 영혼을 정화해 천국으로 가는 강으로 믿고 있다. 옛 인도의 바기라트 왕이 비슈누 신에게 천상의 물을 지상에 내려달라고 기원하자, 하늘의 딸로 알려진 여신 '강가'가 비슈누의 발에서 솟아나와 은하수가 되어 하늘을 흘러가다 시바의 헝클어진 머리타래를 타고 히말라야로 떨어졌다고 한다. 1948년에 사망한 마하트마 간디는 그 유해가 전국 각 주에 배분되었다. 그중 일부가 사후 50년이 지난 1997년, 대법원의 판결에 따라 증손자에 의해 갠지스 강에 뿌려졌다. 인도 초대총리 네루 또한 갠지스 강변에서 태어나, 재가 되어 갠지스 강에 뿌려졌다. 네루는 생전에 갠지스 강을, "인도 문화와 문명의 상징이며, 끝없이 변하고 흐르면서도 영원히 변치 않는 강가 여신"이라고 했다. 변하면서 영원히 변치 않는 물의 본성을 제대로 파악했다고 할까. 인도인들은 갠지스 강이 세계의 그 어떤 강보다 특히 그러하다고 믿고 있다. 갠지스 강은 성스러운 강이지만 수질 오염이 심각하다. 일부 힌두 승려들은 죽음을 불사하고 수질개선을 촉구하고 나서기도 했다. 강의 여신은 물이 더럽건 아니건 상관하지 않고 오늘도 갠지스 강을 찾는 끝없는 행렬을 말없이 받아들이고 있다.

기후변화, 세계가 걱정한다

오늘날 물 문제를 거론할 때 결코 빼놓을 수 없는 것이 기후변화다. 기후변화는 여러 요인이 있지만, 보통은 자연적인 요인과 인위적인 요인으로 구분한다. 자연적인 요인은 또 바닷물의 변화, 화산분출이나 산불, 태양의 활동변화 등 외적 요소와, 대기권, 수권, 빙권, 지권, 생물권 각 요소 간의 상호작용에 의한 내적 요소로 나누어볼 수 있다. 우리가 특히 신경 써야 할 것은 인위적인 요인이다.

온실가스는 인위적인 요인의 대표적인 사례다. 인간의 활동이 큰 규모로 기후에 영향을 미치기 시작한 건 산업혁명 이후다. 공장이나 가정에서의 화석연료 연소 등으로 다량의 온실가스가 배출되면서 태양 복사에너지 반사와 구름의 광학적 성질에 변화를 주었던 것이다. 급격한 개발이나 도시화로 토지이용의 형태가 달라지면서 지구표면의 물리적, 생물학적 특성에 영향을 준 것도 인위적인 요인에 든다.

기후변화의 주범으로 꼽히는 지구온난화의 과학적 근거와 관련해서 일부 논란도 있다. 논란이 명쾌하게 정리되면 좋겠지만, 이를 위해서는 더 많은 연구가 필요한 것이 사실이다. 중요한 건 기후변화, 이상기후가 이미 현실로 나타나고 있다는 점이다. '기후변화에관한정부간협의체'(IPCC) 발표에 따르면 지난 1906년부터

2005년까지 100년 동안 지구의 표면온도는 섭씨 약 0.74도 상승했다. 또한 영국기상청(UK Met Office)은 1850~1900년 평균치에 비해 2015년 1~9월 기온은 섭씨 1.02도 상승했다고 분석한다. 한편 지난 100년 간 해수면은 약 20㎝ 높아지고 지표면의 눈과 빙하는 10~15% 줄은 것으로 알려지고 있다. 이외에 세계물위원회(WWC)와 세계기상기구(WMO), 미국의 지구정책연구소(EPI) 등도 지구 평균기온과 해수면의 상승, 이상기후로 인한 자연재해의 증가에 대한 연구와 함께 조사자료(저널 및 도서)를 발표하고 있다.

기후변화로 세계 곳곳에서 홍수와 가뭄 등 물 재해가 빈발하고 있다.

이상기후 현상은 우리나라 역시 예외가 아니다.

기상청(KMA) 발표에 따르면 지난 100년(1912~2008년) 동안의 한반도 평균기온은 섭씨 1.7도 올랐다. 온실가스 증가가 가장 큰 원인인데, 이는 세계 평균상승치의 두 배에 해당되는 큰 폭이다. 같은 기간의 연평균 강수량 변동성도 매우 크고(712~1929㎜), 여름은 길어진 반면에 봄과 가을은 짧아졌다.

기후변화가 문제가 되는 것은 우리의 삶에 환경, 사회, 경제적으로 매우 큰 영향을 미치기 때문이다. 기후가 바뀌면 지구의 기온이 바뀌게 되고, 생태계의 변화가 불가피하다. 지구온도가 섭씨 1도만 올라도 약 10% 이상의 생물이 질병 등으로 멸종하게 된다는 분석이 있다. 특히, 주목해 봐야 할 것은 대규모 물 관련 재난의 발생빈도가 늘고 수자원의 지역 간 편차가 더욱 커지고 있는 점이다. 한반도에서도 열대야와 여름철의 기간 증가, 해양생물과 농작물 변화 등으로 우리 생활이 직간접적인 영향을 받고 있다.

기후변화가 우리 생활에 미칠 영향의 심각성에 동의하면서도 이를 먼 훗날의 일로 여기는 이들이 있다. 그러나 이는 안이한 생각이다. 기후변화는 당장의 일이고 현재진행 중인 현상이다. 대규모 홍수, 극한 가뭄, 폭설과 폭우, 이상고온이나 이상한파 등 세계적으로 빈발하는 각종 자연재난이 그 증거다. 더구나 지금과 같은 수준의 온실가스 배출을 계속하는 등 기후변화 완화를 위한 특별한 노력이 따르지 않을 경우, 미래전망은 한층 불투명하다.

이와 더불어 변화하는 기후에 적응하기 위한 특별한 노력도 병행해야 한다. 온실가스 배출을 줄여 기후변화를 완화하는 동시에, 재난대비 시스템을 비롯한 각종 사회시스템을 변화하는 기후변화에 맞도록 바꾸는 일이다. 기후변화를 예측하고 대비하는 노력 자체는 또한 기업과 국가의 매우 중요한 경쟁력이 될 수도 있다. 실제 많은 나라의 상당수 기업과 전문기관이 기후변화 연구에 투자를 아끼지 않고 있다.

2015년 12월 파리에서 열린 '기후변화협약 총회(COP21)'에서는 글로벌 기온상승폭을 산업혁명 이전 대비 1.5도 내로 억제하는 데 전 세계의 모든 국가가 적극 노력할 것을 합의하는 '파리협정(Paris Agreement)'을 채택했다. 그러나 지속적인 경제성장이 필요한 중국 · 인도 · 브라질 · 남아프리카공화국 같은 나라들은 기온상승폭의 제한이 너무 엄격하다는 입장을 보이고 있다. 한편 선진국들은 빈곤국들과 개발도상국들을 위한 기후재원을 매년 1,000억 달러 이상으로 잡고 있으나 재원의 성격과 국가별 부담에 대한 논란이 있다. IS의 파리 테러에도 불구하고 이번 파리총회에 196개국의 대표들이 참석한 것만 봐도 기후변화에 대한 각국의 의지와 다급함이 어느 정도인지 짐작할 수 있다.

기후변화에 슬기롭게 대처하기 위해서는 기후변화에 대처하는 인간의 태도와 자세가 무엇보다 중요하다. 과거에 볼 수 없었던 상황에 제대로 대처하려면, 지난날과는 태도와 자세부터 달라져야 한다. 예를 들어 물을 더욱 공평하게 나눠 쓰고, 한층 세심하게 물 이용의 질서를 지켜야 한다. 갈등을 없애고 조화를 이루고자 모두가 함께 노력하며, 상생하는 길을 위해서는 작은 양보와 희생은 받아들이는 자세가 필요하다.

석유전쟁보다 더 위험한 물 분쟁

1973년 중동 산유국의 석유수출가격 인상과 수출금지 조치는 미국을 비롯한 전 세계를 큰 혼란에 빠뜨렸다. 제 4차 중동전쟁이 터지고 미국이 이스라엘 지원에 나서자, 중동 산유국들은 가격 인상, 생산 감축, 수출 금지 등을 발표했다. 세계적으로 심각한 에너지 위기사태가 벌어졌다. 세계 대부분의 나라들은 손놓고, '석유전쟁'의 끔찍한 위력을 체감하고 겪어야 했다.

1991년 미국, 영국, 프랑스 등 다국적군이 이라크를 상대로 벌인 걸프전Gulf War이나, 2001년부터 2014년까지 이어져 온 아프가니스탄 전쟁도 그 이면에는 석유나 송유관 등을 둘러싼 각국의 이해관계가 얽혀 있다. 러시아, 캐나다, 미국, 노르웨이, 덴마크 등은 북극의 심해에 묻혀 있는 석유와 천연가스를 두고 신경전을 계속하고 있다. 이외에도 검은 황금인 석유를 둘러싼 전쟁은 세계 곳곳에서 지금 이 시간도 이어지고 있다.

최근 '석유전쟁'에 이어 세계가 주목하는 것은 '물 분쟁'이다. 여태껏 석유를 두고 갈등을 빚었던 수많은 나라가 이제는 물을 놓고 싸우고 있다. 특히, 물이 국가의 존립을 좌우하는 건조지역에서는 군사적인 전쟁으로 치닫는 경우도 흔하다. 요르단 강을 둘러싼 이스라엘과 요르단, 시리아 간의 대립은 이를 잘 말해 준다. 이웃나라에서 흘러오는 강물에 주로 의존하거나 전적으로 매달려야 하는 나라, 특히 강 상류 발원지에 위치한 나라와 하류지역 국가 사이의 갈등은 갈수록 커지는 추세다.

'물 분쟁'은 '석유전쟁'보다 훨씬 위험한 양상을 보이고 있다. 많은 나라들이 일촉즉발一觸卽發의 불씨, 언제라도 전쟁으로 발화할 수 있는 폭탄인 '물 분쟁'을 안고 있다. 제6대 UN사무총장이었던 부트로스 갈리Boutros Ghali가 재임 당시, "중동에서 발발하는 다음 전쟁은 정치적인 문제가 아니라 물 문제가 될 것"이라고 경고한 사실은 물 분쟁이 얼마나 잠재 위험요소인지를 웅변한다.

이 밖에도 『물 전쟁Water Wars』을 쓴 마크 드 빌리에Marq de Viliers나 세계수자원위원회World Water Commission의 이즈마엘 세라젤딘Ismail Serageldin 전 회장 등도 '수년 후나 21세기 물 전쟁 발발'을 오래전에 예언하거나 경고한 바 있다. 실제 나일 강, 인더스 강, 요르단 강, 파라나 강 등 세계 곳곳에서 이러한 예언이 현실로 나타나고 있다.

물은 사회를 통합시킬 수도 무력 충돌을 불러올 수도 있다. 오늘날, 인위적으로 물을 모자라게 만들거나 수질을 악화시키거나 물길을 막아 수력발전을 못 하게 하는 등의 행동은 폭탄보다 위협적인 무기가 된다. 물이 위협적인 압박수단으로 활용된 사례는 1991년 걸프전, 1994년 예멘 분쟁, 1999년 코소보 전쟁, 2014년 시리아 내전 등 수없이 많다. 앞으로 물과 관련된 국가 간 분쟁은 더욱 심해질 것이다. 그렇다고 군사, 경제, 기술적 우위를 토대로 힘을 앞세워 문제를 해결하는 것은 옳지 않다. 자칫 전쟁으로 이어질 수 있기 때문이다. 가장 중요한 과제는 이해관계국 모두가 미리부터 협력할 준비를 갖추는 일이라고 본다.

공유하천은 누구의 것인가?

세계 인구의 40% 이상은 강, 호수 등의 물을 이웃나라와 나눠 써야 하는 지역에 살고 있다. 지구상에는 2개국 이상에 걸쳐 흐르는 강이 무려 300곳이 넘는다. 국제하천 또는 공유하천이다. 이 경우, 유역의 모든 국가가 공평하게 물을 사용할 수만 있으면 별다른 문제가 없다. 그러나 현실세계에서 이는 거의 불가능하다. 상류와 하류 또는 인접지역 간의 이해관계가 서로 다를 수 있고, 물을 대하는 시각이나 윤리의 문제도 있다. 가장 큰 원인은 물자원의 한정성이다. 한정된 자원은 이를 차지하기 위한 경쟁을 부르고, 경쟁은 다시 갈등을 촉발하는 악순환이 되풀이된다.

누가 물을 소유하며, 어느 쪽이 물관리의 책임을 지며, 그에 따른 사회적, 생태학적 결과는 누가 책임지고 어떻게 처리할 것인지 등의 문제들은 정답을 찾기 어렵다. 설혹 정답에 가까운 해결책을 찾았다 해도 이를 행동으로 옮기려면 또 다른 문제가 대두되기 일쑤다. 흔히들 역지사지易地思之를 얘기하지만, 입장을 바꿔 생각해 봐도 이해나 양보가 어려울 수 있다. 자국의 입장이 먼저 눈에 들어오고, 상대국의 요구는 무리하게 느껴지는 수가 더 많은 까닭이다.

이럴 때, 상대방을 자국의 입맛에 맞게 바꾸기는 쉽지 않다. 그렇다고 힘으로 해결하거나 옳고 그름을 따지기만 계속할 수도 없다. 싸움에서 이긴다 해도 큰 상처를 남기거나 적대적인 관계가 될 수도 있다. 문제해결의 중심을 상생과 화합에 두고 갈등을 풀어가야 한다. 서로 양보하며 작은 희생을 감수할 방안은 없는지, 양보와 희생에 상응하는 다른 대가를 지불하는 방안은 뭐가 있는지 찾아봐야 한다. 물론, 이때는 서로 협력하면서 함께 노력할 준비를 미리 갖추고 있어야 한다.

이때 반드시 갖추어야 할 자세는 물은 공유재共有財라는 것이다. 물을 내 소유라기보다는 인류 모두가 함께 이용해야 하는 자산으로 인식하는 일이다. 내가 물이 필요한 것처럼 남들도 물이 필요하다는 것을 알아야 한다. 우리나라에서 엄청나게 멀리 떨어져 있는 브라질의 아마존 유역의 산림개발이 우리나라 강수량에 영향을 주고, 남미 칠레 앞바다의 온도상승이 엘니뇨현상으로 나타나 우리나라에 집중호우나 극심한 가뭄을 일으키는 영향을 준다는 것을 직시할 필요가 있다. 서로가 서로를 배려하고 이해하지 못하면 물 분쟁 문제는 더욱 커져갈 수밖에 없다. 너무 멀리 볼 것도 없다. 우리나라만 살펴보아도 내 옆에 흐르고 있는 하천의 물을 가지고 다투는 일은 쉽게 볼 수 있다. 내 옆에 있다고 해서 내가 그 대가를 전부 지불하는 것도 아니요, 또한 그것을 잘 가꾸려고 노력하는 것도 그다지 보지 못하는 경우가 많다. 아니 더 나아가 내 옆에 있는 하천의 물은 나보다는 상류에 있는 사람들이 얼마나 잘 가꾸었는가가 더 중요한 경우가 대부분이다. 이러한 의미에서 물을 바라보는 시각을 바꾸어야 한다. 물은 내 것이 아니라 우리 모두의 것이라는 인식을 말이다. 이러한 맥락에서 공유하천도 어느 한 지역이나 어느 한 국가가 소유하는 것이 아니라 함께하는 지역, 함께하는 국가가 같이 공유하는 것이다.

세계의 주요 강과 이를 둘러싼 주변지역 분쟁 당사국

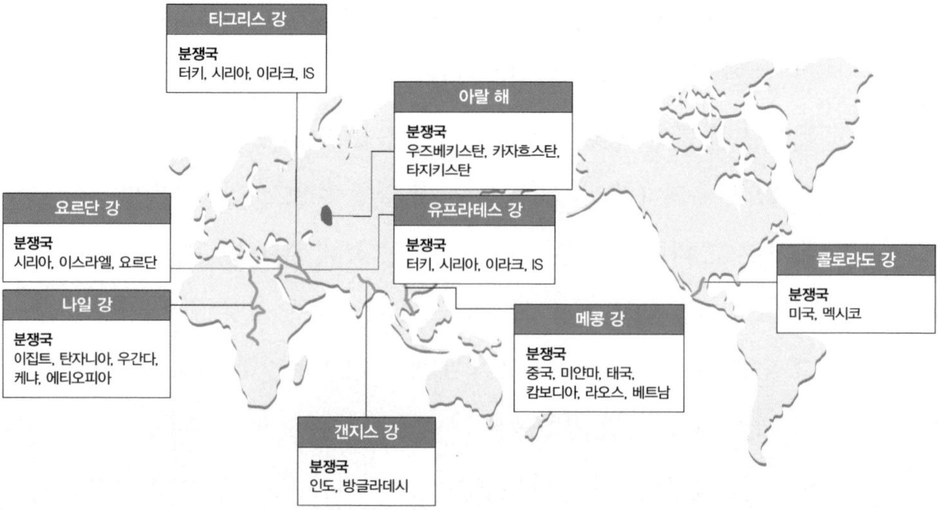

물 쉼터

포세이돈, 많은 여인을 사랑하고 기괴한 괴물들을 낳은 바다의 지배자

포세이돈은 그리스 신화에 나오는 바다의 신이다. 제우스의 형제로 청동 발굽과 황금 갈기를 가진 말을 기르는데, 삼지창을 가지고 폭풍을 일으키거나 바다의 지진을 다스린다. 성미가 급해 여러 신들과 다툼이 잦았지만, 사랑하는 여인도 여럿이었고 자녀들 중엔 기괴한 괴물들이 많다. 암피트리테로와 결혼해 하반신은 물고기 상반신은 인간인 트리톤을 낳았다. 디즈니 애니메이션을 보면 인어공주가 트리톤의 딸로 나오기도 한다. 하고많은 신 가운데 왜 이런 자가 바다의 신일까. 아마 이 정도 힘과 성깔은 있어야 성난 바다를 다스린다고 보았었을 것이다. 거기다 바다 속 수많은 생물을 생각하면, 연애도 잘하고 다산의 능력이 있는 인물이 적격이라고 생각하지 않았을까. 중국이나 우리나라에는 용왕이 있다. 권능은 비슷하나 포세이돈에 비하면 점잖고 어부나 선원들, 넓게는 나라와 백성을 돕는 역할신이다.

세계의 물 분쟁 사례는 많다

물과 관련해 큰 갈등을 빚고 있는 몇몇 국제 사례를 구체적으로 살펴보자. 공유하천을 둘러싼 분쟁은 세계 곳곳에서 있어 왔고 현재 진행되고 있으며 앞으로도 그 해결이 쉽지 않은 문제다. 세계 5대륙의 50개국 이상의 국가가, 물 자원 분배에 관한 합의를 조속히 이루지 못하면 분쟁이 격화될 것이라는 견해가 지배적이다.

그중에서도 특히 중동지역(서남아시아와 북아프리카)의 물 분쟁은 척박한 환경에 전쟁까지 맞물려 그 사태가 매우 복잡하고 부분적으로는 악화일로를 걷고 있다. 중동지역은 강우량은 적고 사막화가 빠르게 진행 중인 곳으로 국토의 85%가 불모지이다. 거기다 낙태를 허용하지 않는 이슬람법에 따라 인구가 급증하고 있고, 인구의 70%가 도시로 몰려들어 물 부족은 갈수록 심해지고 있다. 북아프리카를 포함한 중동의 인구는 현재 약 5억 5천만 명으로 18세기 이후 15배 이상 증가했다.

따라서 큰 강이나 호수가 없는 아라비아반도 걸프지역, 즉 사우디아라비아, UAE, 쿠웨이트 등은 담수화 시설에 막대한 비용을 쏟아가며 물을 조달하고 있는 실정이다. 강을 끼고 있는 지역들 역시 그들대로 물 사용과 배분을 둘러싸고 복잡한 분쟁을 이어가고 있다.

❙ 이스라엘과 아랍의 갈등

이스라엘과 아랍국가 간에는 요르단 강Jordan River을 놓고 격렬하고 지루한 물 분쟁이 이어지고 있다. 예수가 요한으로부터 세례를 받은 곳으로도 유명한 이 강은 남부 시리아의 산악지대에서 발원하여 골란 고원의 갈릴리 호수를 채우고 이스라엘과 요르단을 거쳐 사해로 빠져나간다. 요르단 강을 둘러싼 분쟁은, 시리아, 이스라엘, 요르단 간의 인종, 문화, 정치적 대립에다 상류와 하류국가 간의 물 소유권 주장과 물 확보와 관련된 것이다.

특히 강 상류의 이스라엘과 하류의 요르단 간에는 물 공급과 확보를 둘러싸고 수차례 전쟁 위기가 있어 왔다. 1994년 양국은 평화협정을 맺어 '물 문제에 관한 협력과 자국 내 수자원의 독단적 이용 제한' 등에 합의했다. 그러나 두 나라의 협정은 그야말로 전면전을 피하기 위한 한시적인 조치에 불과하다고 볼 수 있다. 이스라엘은 또 레바논을 향해서도 전쟁불사를 외친 바 있다. 2001년 레바논이 요르단 강의 지류인 하스바니 강의 물을 사용하기 위해 펌프시설을 설치하자, 이는 이스라엘의 생사가 걸린 문제라며 나선 것이다.

시리아와 이스라엘의 물 분쟁도 역사가 깊다. 1967년 중동전쟁은 시리아가 요르단 강 상류에 댐을 건설하려 하자 물 확보에 위기를 느낀 이스라엘이 전쟁을 일으킨 경우다. 이 전쟁으로 이스라엘은 골란 고원을 차지하게 되었고 그곳의 갈릴리 호수를 식수원으로 삼았다. 이후 이스라엘과 시리아는 이 호수를 두고 계속 분쟁을 일으켜 왔다.

2008년 이스라엘 에후드 올메르트Ehud Olmert 총리가 시리아에 골란 고원을 돌려줄 의사가 있음을 터키 정부를 통해 타진하는 등 이스라엘과 시리아는 골란 고원 반환문제와 관련해 평화협정을 맺을 의사가 있음을 수차례 천명하였으나 서로 다른 속내로 인해 진전이 되지 않고 있다. 이스라엘로서는 골란 고원을 양보하더라도 자국 식수원의 30% 이상을 감당하고 있는 갈릴리 호수는 포기할 수 없다는 입장을 고수하고 있다.

이스라엘은 또한 팔레스타인 주민들의 지하수 사용, 물 소유권 등과 관련해서도 심각한 갈등을 이어오고 있다. 이스라엘은 물 소유권과 관련해 팔레스타인이 합법적인 국가가 아니라는 점을 강조하며 국제법의 적용을 받기를 거부하고 있다. 팔레스타인 특히 서안지구의 물 부족은 극심한 수준으로, 거주인들은 우물을 팔 권리마저 빼앗긴 채 산업용수나 농업용수는 말할 것도 없고 마실 물마저 비싼 값으로 구입해 마셔야 할 처지이다. 폐수처리시설이 파괴되어도 이의 복구가 미뤄지며 환경오염도 심각하다. 이런 상황인데도 이스라엘은 엄격하게 물 공급을 제한하고 있어, 아마도 물 분쟁과 관련해 세계에서 가장 불공평한 지역 가운데 하나가 아닌가 생각된다.

이스라엘과 아랍국가 간에 평화를 정착시키는 건 요원한 문제지만 적어도 더 이상 확대시키지 않으려면 물 문제를 해결하는 일이 무엇보다 중요하다. 그러나 물 자원의 확보가 종교, 인종, 정치적으로 복잡하게 얽혀 있는 상황에서 공평한 분배는 지난한 문제이다. 특히 시리아 내전은 이 지역의 물 문제를 더욱 복잡하고 전망을 불투명하게 만들고 있다. 시리아 내전도 2007년과 2010년의 기록적인 가뭄이 계기로 작용했다는 분석이 있다.

┃ 이라크 내전과 IS 출현 후의 물 확보 전쟁

IS(이슬람국가)는 유례를 찾기 힘들 정도로 과격하고 잔혹한, 이슬람 수니파 무장조직이다. 이라크에서 건너간 이들은 시리아 내전을 활용해 세력을 키웠다. 무차별 테러행위로 세계적인 비난을 사고 있는 가운데, 석유 밀매 및 점령지 세금 부과 등의 수입원으로 국가적 규모를 유지하며 세계 각지에서 추종자들을 불러 모으고 있다.

IS는 이라크 정부군 등과의 싸움에 전통적인 무기 외에도 물을 동원하고 있다. 2015년 6월 라마디를 점령한 IS는 알와라르 댐의 수문을 차단했다. 유프라테스 강의 유량이 감소하자 정부군이 위치한 하류지역은 물 부족 위기를 맞았다. IS는 2014년 또 이라크 최대 댐인 모슬 댐을 장악, 물 공격을 감행하겠다고 위협한 적이 있다. 이 댐이 폭발하면 바그다드가 물에 잠기는 건 시간문제였다. 미국이 댐 주변의 IS군을 폭격하여 열흘 만에 댐을 되찾은 일은 물 확보가 생존과 전쟁의 승패에 얼마나 중요한지 실감케 하는 사건이었다.

물을 전쟁무기로 사용하는 것은 예나 지금이나 국제적인 비난을 면치 못하지만, IS는 물을 앞으로도 효율적인 전쟁무기로 사용할 가능성이 높다.

시리아와 국경을 맞대고 있는 터키는 물에 관한 한 유리한 입장에 처해 있다. 이라크가 의존하고 있는 티그리스 강과 유프라테스 강의 발원지가 모두 터키에 있다. 거기다가 IS 격퇴에 터키의 도움이 절실한 이라크는 자국 내 쿠르드 무장단체를 공격하는 터키 정부를 제대로 견제하지 못하고 있는 실정이다. IS조차 점령지대인 시리아와 이라크 서부지역이 유프라테스 강에 의존하고 있어 터키의 눈치를 보는 형편이다. 이라크는, 터키가 두 강의 상류에 '동남부 아나톨리아 프로젝트(GAP)'에 의한 22개의 댐과 19개의 수력발전소를 건설 중인 것에 신경이 곤두서 있다. 터키가 공사 중인 댐들은 내전이 정리되면 주변 국가들과의 사이에 큰 문제로 비화될 가능성이 높다.

앞으로 IS 문제가 어떻게 진행되어 가느냐에 따라 중동지역의 물 분쟁도 더욱 복잡하게 얽혀들 전망이다. 국제사회의 공조 없이는, 심화되면 되었지 이 지대의 물 해결은 매우 어려울 것으로 보인다.

❙ 메콩 강을 사이에 둔 6개국의 갈등

총길이 4,900㎞, 유역면적 80만㎢. 메콩 강은 세계에서 열 번째로 크고 동남아시아에서 가장 긴 강이다. 티베트 고원에서 발원하여 중국의 세 지방과 미얀마, 라오스, 태국, 캄보디아, 베트남을 거쳐 남중국해로 흘러든다. 강 주변 유역 인구만 약 6,500만 명이다.

메콩 강은 중국을 비롯한 6개국에 절대적인 수자원이라고 할 수 있다. 미얀마는 사회기반시설 건설과 관광사업 육성에, 라오스는 수력발전과 관개농업에, 캄보디아와 베트남은 농업용수와 수상교통에, 태국은 전력 확보에 메콩 강을 필요로 하고 있다.

1995년 라오스, 태국, 베트남, 캄보디아가 참여하는 '메콩강위원회MRC : Mekong River Commission'가 발족되었다. MRC는 농업과 수자원 개발, 수력발전, 수량 유지, 환경 및 생태계 보호 등을 목표로 '메콩강 유역의 지속가능한 개발'을 위해 협력하기로 협정을 맺었다. 그러나 MRC는 중국과 미얀마(버마)가 단순히 대화상대국으로만 참여키로 하면서 태생적인 한계와 분쟁의 씨앗을 지니고 있었다.

메콩 강 상류에 위치하고 있어 아쉬울 게 없는 중국이 수많은 댐을 건설하면서 하류로 흘러가는 물이 급속히 줄어들기 시작했다. 특히 2010년에 완공된 샤오완 댐은 세계 세 번째 높이에 420만KW에 달하는 발전용량과 149억㎥의 저수용량으로 여타 동남아 댐 전부와 맞먹는 규모를 갖추었다. 이 댐 건설로 메콩 강 유역의 물 부족은 더욱 심화되었다. 중국을 제외한 메콩 강 유역 5개국은 이름 그대로 메콩 강이 '어머니의 젖줄'이나 다름없다. 그 젖줄이 말라들기 시작한 것이다. 중국은 샤오완 댐 외에도 10여 개의 다목적댐을 건설할 계획이다.

유엔환경계획(UNEP)에서도 '중국의 댐 건설로 메콩 강의 유량과 흐름이 바뀌고 수질 악화, 생물 다양성 파괴 등이 생길 가능성이 크다.'고 경고하고 나섰지만 중국은 100년 만의 가뭄 탓으로 돌리고만 있다.

중국의 협력이 절실하지만 자구노력을 강구해야 하는 메콩 강 하류 국가들에 지속적으로 손을 내민 건 일본이었다. 2012년 열린 제4차 '일-메콩 정상회담(Japan-Mekong Summit)'에서 일본은 2015년까지 메콩 강 유역국 개발을 위해 74억 달러를 지원하겠다고 발표했다. 이어서 일본은 2015년 또다시 향후 3년에 걸쳐 7조 원 규모의 투자를 약속하고 나섰다.

이로써 일본은 자국기업 진출 등 경제 환경 면에서 유리한 고지를 선점하게 되어 앞으로의 이 지역에서의 영향력을 키워갈 전망이다. 일본의 영향력 확대를 우려하고 있는 중국은, '메콩 강 유역의 지속 가능한 발전'을 주제로 2015년 4월 '중국과 메콩 강

5개국 간 장관회의'를 베이징에서 열었다. 이것은 중국이 추진하고 있는 '일대일로 정책'의 일환으로, 2013년 기준 1,500억 달러에 달하는 메콩 강 지역의 무역규모에 대한 관심의 증대에 따른 조치이기도 하다.

이어서 중국은 2016년에 다시 정상회담을 열어 란창 강과 란찬 강 하류의 메콩 강, 즉 란메이 합작개발에 관한 것을 논의하겠다는 등 의욕을 보이고 있다. 메콩 강 상류지역이라는 이점과 막강한 자본이라는 두 칼자루를 쥐고 있는 중국이 미래의 발전을 위해서라도 하류지역국들의 물 사정과 개발에 도움을 줘야 하는 건 당연한 일이다. 풍부한 천연자원, 급속한 인구증가와 높은 경제성장으로 국제적인 기대를 받고 있는 이 지대를 둘러싼 물 분쟁과 경제협력은 더욱 가속화될 전망이다.

지상 최대의 환경재앙, 아랄 해의 비극

중앙아시아의 우즈베키스탄과 카자흐스탄 경계에 있는 아랄 해는 1960년대까지만 해도 내해內海로 불릴 정도로 세계에서 네 번째로 큰 호수였다. 그러나 오늘날 아랄 해는 면적과 수량이 약 1/10 이하로 줄어들었다. 구소련은 아랄 해로 유입되는 아무다리야, 시르다리야 강의 물길을 사막지대로 돌려 목화밭 등 대규모 관개농사를 조성했으며, 두 강에는 수많은 댐을 건설했다. 강물을 과도하게 사용하면서 아랄 해는 급격히 마르기 시작했다.

1960년대만 해도 남한 크기의 약 70%인 6.8만㎢에 이르던 면적은 2008년 6,800㎢만 남았다. 하나의 호수였던 아랄 해는 두 개로, 또다시 세 개로 갈라졌다가 이제는 거의 사막이나 다름없게 되어 세계인에게 충격을 주고 있다. 철갑상어 등 물고기들이 사라졌고 말라붙은 아랄 해의 염분이 뒤섞인 사막먼지들이 폭풍처럼 날리며 주변 일대를 사람이 살 수 없는 지역으로 만들었다. 선박들만 녹이 슨 채 묘지처럼 버려져 있는 이곳은 식수원의 오염으로 질병이 창궐하고 사망률이 높아졌으며, 환경변화로 낮과 밤의 온도차도 극심하다.

마침내 아랄 해 복구를 위한 국제적인 협력이 추진되었다. 1993년, 아랄 해를 공유하고 있는 상류의 타지키스탄과 키르기스스탄, 하류지역의 우즈베키스탄, 카자흐스탄, 투르크메니스탄 5개국은 아랄해살리기국제기금(IFSAS)을 만들고 아랄 해 유역 프로그램을 가동했다. 세계은행과 프랑스정부, 유엔개발계획(UNDP) 등이 참여하는 다양한 연구사업이 진행됐다. 2010년 4월 아랄 해를 찾은 반기문 UN사무총장도 '죽음의 바다로 변한 아랄 해의 현실이 충격적'이라며, '주변국들이 협력하여 아랄 해와 생태계 살리기에 나서 달라.'고 촉구했다. 아울러 'UN의 모든 전문기구들이 필요한 지원 및 기술을 제공할 것'이라고 말했다.

그러나 이러한 협력은 강 상류 국가의 댐 건설 계획으로 차질을 빚고 있다. 산악지대가 90%인 타지키스탄이 국민들에게 지분 매각을 하면서까지 추진 중인 국책사업 로건 댐 건설과 수력발전소 설치가 그 예다. 아무다리야 강 상류 지천인 바흐쉬 강에 있는 이 댐은 1976년 시작되어 절반 정도 완성된 채 중단되었다가 2007년 재개되었으나 자금부족 등으로 지연되어 왔다. 완성될 경우 130억KW의 전기 생산이 가능한 이 댐은 타지키스탄의 만성적인 전력난을 해결함과 동시에 아프가니스탄과 파키스탄까지 전력을 수출할 수 있을 것으로 보여 중앙아시아의 판세를 바꿀 것으로 예상되고 있다.

반면, 강 하류국가인 우즈베키스탄은 로건 댐이 건설되면 아무다리야 강 유량이 감소하고, 생태계 교란에 따른 하천범람이 일어날 것을 우려하고 있다. 이는 우즈베키스탄의 면화 사업에 큰 타격을 주는 것이다. 세계은행의 긍정적인 보고서에도 불구하고 지진다발지대인 이곳의 지진 가능성 증대도 우려하고 있다. 또한, 댐이 완공되면 물을 저장하는 데만 7~8년이 걸릴 것으로 보여, 우즈베키스탄 등 하류국가들은 이 기간 동안 일어날 유량감소와 물 부족을 크게 걱정하고 있다. 물 부족을 겪을 주민이 무려 2,000만 명에 육박할 거라는 전망이다. 우즈베키스탄의 반대가 계속되는 가운데 타지키스탄은 총 6개의 발전기 중 순차대로 1, 2기를 건설할 계획임을 천명하고 있어 로건 댐을 둘러싼 분쟁은 쉽게 해소되지 않을 전망이다.

통상적으로 국제하천을 둘러싼 물 분쟁은 하류의 유량유지를 조건으로 상류국가의 수력발전 손실분을 보상해 주는 국가 간 합의가 근간을 이루고 있다. 그러나 아랄 해 상류의 국가들(타지키스탄, 키르기스스탄)은 자원이 풍부한 하류국가(우즈베키스탄, 카자흐스탄, 투르크메니스탄)에 비해 상대적으로 가난한데다 경제성장에 더 많은 에너지를 필요로 하고 있다. 타지키스탄, 키르기스스탄은 카자흐스탄, 투르크메니스탄 등에 비해 석유도 천연가스도 거의 없고 오직 풍부한 수자원만이 활용할 자원이다. 이런 상황에서 분쟁을 봉합하고 아랄 해를 되살리기 위해서는 상하류 국가 간 협력뿐만 아니라, 전 세계적인 관심과 노력이 따라야 할 것으로 보인다.

한편 우즈베키스탄은 아랄 해 보존을 위해 '2015-2018 프로젝트'를 가동한다고 발표했다. 일명 '아랄 해 환경재앙 완화 프로젝트'인 이 프로젝트는 총 30억 달러 규모로 3년간 23개의 국책사업과 8개의 지역사업으로 진행된다. 이를 위해 국제사회로부터 19억 달러의 금융 및 기술지원을 받을 예정이다. 말라버린 아랄 해를 복원하기 위한 일환으로 '아랄 해 유역 산림조성 사업'을 추진하고자 하는 국제적인 움직임도 지속되고 있다. 여기엔 우리나라 산림청도 참가하고 있다.

❙ 나일 강의 시름

이집트 문명을 낳은 나일 강은 길이는 6,700㎞로 아마존 강에 이어 세계에서 두 번째로 긴 강이다.

유역면적은 335만㎢로 빅토리아 호수에서 발원하는 백白 나일,

에티오피아 고원에서 발원하는 청靑 나일이 수단에서 만나 인공호수 나세르를 채우고 이집트 동부를 거쳐 지중해로 흘러든다. 나일강 유역 국가는 이집트와 수단, 에티오피아 외에도 우간다, 케냐, 탄자니아, 부룬디, 르완다, 콩고, 에리트레아 등 10여 국에 이른다.

이집트의 경우 나일 강이야말로 8,700만 명 인구의 생명줄인 만큼 이에 대한 권리를 고집하는 것은 바로 생존과 관련된 것이기도 하다. 이미 기원전 2900년 전에 15m 높이의 댐을 건설한 역사를 갖고 있는 이집트는 국토의 대부분이 사막이며, 현재 나일강의 65% 이상을 사용하고 있다. 그에 비해 케냐, 우간다, 탄자니아, 에티오피아 등 빈국들은 강 상류국 임에도 불구하고 물 이용에 관한 한 상대적인 불이익을 감수하고 있다. 그동안 이들 상류국가의 물 사용량은 제한적이었지만, 급속한 인구증가에 따른 관개용수 수요가 늘고 있고, 각종 개발이 진행되고 있어 물 확보가 시급한 실정이다.

나일 강에 관한 수자원 관련 협정을 돌아보면, 1929년 이집트-영국 간 협약에서 '이집트의 수자원 이용에 부정적 영향을 미칠 수 있는 건설 프로젝트에 대한 거부권'을 규정한 바 있다. 이 협정은 이집트를 식민통치한 영국이 수에즈 운하를 보호하기 위해 강압적으로 맺은 것으로, 인근 국가들은 나일 강 사용 허가를 이집트에게서 받으라는 전형적인 불공정 협정이다.

먼저 수단이 1956년 영국과 이집트의 지배에서 벗어나면서 권리를 찾겠다고 나섰다. 이후 이집트가 아스완 댐을 건설하면서 누비아 지역에 농사를 짓고 있던 수만 명의 수단 인이 이주를 하여야 했다.

1959년에는 이집트-수단 간 합동위원회(Joint Commission)에서 '나일 강 물의 최대한 활용(Full utilization of the Nile waters)' 협정을 맺고 아스완 하이 댐에 유입되는 연간 수자원 840억m^3 중 자연 증발되는 100억m^3를 제외한 740억m^3에 대해 이집트가 555억m^3를 사용하고 수단이 185억m^3를 이용토록 합의했다. 여기에서도 다른 국가들에 대한 배려는 없었다.

1995년 탄자니아에서 나일 강 유역 국가들이 모여 물 분배와 이용에 관한 문제를 논의하였으나 이집트의 협조가 없는 가운데 이후 큰 진전은 없었다. 2004년 탄자니아는 자국 주민들에게 빅토리아 호수 물을 공급하기 위해 중국의 건설회사와 1,700㎞에 이르는 송수관 건설계약을 맺었다. 이를 계기로 빅토리아 호수 일대 국가들과 이집트, 수단, 에티오피아, 에리트레아 등 사막국가들 간의 물 분쟁이 본격화되었다. 이집트와 수단은 1929년과 1959년에 맺은 협약들의 '역사적 권리'를 고집했으나, 상류국가들은 당연히 반발했다. 국제법 전문가들은 '그 두 조약은 국제법상 효력을 인정받기 어렵다'고 지적했다.

2010년 5월, 에티오피아, 우간다, 르완다, 탄자니아 수자원 관련

장관들이 우간다의 항구도시 엔테베에 모였다. 그들은 만장일치를 고집하는 이집트와 수단의 반대 속에서도 '나일 강 수자원의 동등한 재분배'를 규정한 새로운 조약에 서명했다. 이 조약은 국가별로 나일 강 물 사용량을 배정하는 내용을 담고 있다.

아프리카 2위의 수력발전 잠재력을 지닌 국가로 이집트와 수단이 사용하는 나일 강의 86%를 흘러 보내고 있는 에티오피아가 2011년 나흐다(르네상스) 댐을 짓기 시작했다. 댐 공사 중 에티오피아가 청 나일의 물길을 변경하자 이집트는 댐 폭파를 거론하며 전쟁 불사를 외치는 등 갈등이 고조되었다. 나흐다 댐은 높이 145m, 길이 1,800m로 6,000MW의 전력 생산규모를 가진 댐이다(에티오피아는 2015년 현재 나일 강 나흐다 댐 등 4개의 수자원 프로젝트를 진행 중이다).

마침내 2015년 3월, 이집트와 수단, 에티오피아 3개국 정상이 수단의 수도 하르툼에 모여 에티오피아의 '나흐다 수력발전 댐 건설 및 나일 강 수자원 공유에 대한 기본합의'에 서명했다. 이 합의는 그간 물 분배 불평등의 원천이었던 이집트가 나서서 서명했다는 점에서 나일 강 관련 협정으로선 가장 진일보한 것으로 평가받고 있다. 그러나 이로써 나일 강의 시름을 완전히 해소할 수 있을지에 대해서는 회의적인 시각이 지배적이다. 이집트가 그동안의 강경한 입장을 완화한 근본적인 이유가 에티오피아가 제공하겠다는 전력의 확보 외에도 군부 쿠데타를 겪은 자국의 내정에 있기 때문이다. 즉, 언제라도 태도를 바꿀 수 있다는 우려가 잠재해 있다.

원래 아프리카에는 일본이 일찌감치 경제적으로 진출해 있었으나 최근에는 중국이 막강한 자본력을 바탕으로 유·무상 원조 및 개발을 진행하고 있어, 세계에서 가장 경제성장률이 높은 아프리카에 대한 투자 경쟁이 본격화되고 있다. 따라서 수자원을 둘러싼 분쟁에는 자국의 이익뿐 아니라 전통적인 유럽 국가와 미국, 일본, 중국 등의 이해관계도 입김을 작용할 공산이 크다.

갈등을 치유하려는 노력도 있다

국제하천, 공유하천을 놓고 갈등과 분쟁만이 이어져 온 것은 아니다. 갈등을 해결하고 분쟁을 멈추려는 노력도 꾸준히 이어져 왔다. 사람들은 강과 호수가 유역의 모두에게 도움이 되는 방향으로 적절히 관리, 통제되기를 바라왔다. 산업화와 도시화의 진전, 인구증가 등으로 갈수록 물이 부족해지고 있는 것은 사실이지만, 지속 가능한 수자원 개발과 효율적인 분배가 이루어진다면 인류의 생존에 모자라지는 않는다고 믿기 때문이다.

싱가포르와 말레이시아의 상생

싱가포르는 도시형 나라이다. 서울시 정도의 면적에 인구밀도가 세계 2위이다. 종교 및 인종 문제 등으로 1965년 말레이연방에서 독립한 이후, 부존자원 없는 빈곤국가에서 리콴유 총리의 강력한 리더십 아래 아시아의 선진국으로 급성장했다. 부정부패 없는 깨끗한 나라지만 물 문제만은 큰 숙제였다. 동남아시아에 위치해 있어 강우량은 많아도 워낙 좁은 국토에 지형조건이 좋지 않고 큰 강과 넓은 저수지가 없어 실제 사용할 수 있는 물은 제한적이었다.

폭 2㎞의 조호르Johor 해협을 사이에 두고 있는 말레이시아로부터 자국 물수요의 40%가량을 수입해 써오고 있었으나 정치적 문제 등으로 안정적인 공급처 확보가 큰 고민거리였다. 말레이시아는 싱가포르와 물 공급가격을 두고 분쟁이 발생할 때면 물공급 중단이라는 위협을 자주 가해 왔다. 그러나 말레이시아는, 2061년에 완료되는 싱가포르와의 수자원 협약만은 상생의 차원에서 지켜나갈 것으로 보인다.

한편 싱가포르는 1991년 인도네시아와 협정을 맺고 인도네시아 리아우Riau 군도에 댐과 운하를 건설해 450㎞의 파이프라인을 통해 향후 100년간 물을 공급받는 계약을 체결한 바 있다.

물이 곧 안보인 싱가포르는 전략적으로 물산업을 육성하기 시작했다. 오·폐수 재생 기술력 강화와, 해수 담수화, 빗물 모으기 등 다각적인 노력을 기울임으로써 물 자립도 40%의 성과를 이루었다.

싱가폴 마리나베이 샌즈와 바이 더 베이

1990년대 후반부터는 정부 주도로 물 전문기업의 육성에 힘을 기울였다. 대표적인 것이 물 클러스터Water Cluster사업이다. 외국의 인력을 유치하고 물산업 경쟁력 확보에 나섰으며, 물 기술을 국가 3대 성장동력의 하나로 정했다. 2006년에는 범 부처 차원의 물산업육성위원회(EWI)를 출범시켜 본격적인 물산업 지원에 나섰다. 이에 세계적으로 기술력을 인정받는 기업들이 잇따라 탄생했다. 해수담수화분야의 글로벌 선두기업인 '하이플럭스', 수처리량 기준으로 세계 6위 규모의 '셈콥' 등이 그것이다.

싱가포르는 국민들이 안심하고 마실 수 있는 식수 개발에도 힘을 기울였다. 생활하수를 다중 필터시스템으로 정화한 물인 '뉴워터'는 일반 시민들이나 관광객들도 안심하고 마실 수 있는 수돗물로 이름이 나 있다. 싱가포르는 물산업 성장을 가속화하기 위해 '인재 육성'에도 힘을 쏟고 있다. 오늘날 세계적인 물 기업들의 탄생은 대학 및 연구기관에서 물 관련 기초 학문에 과감하게 투자한 결과라고 할 수 있다. 앞으로도 물 선진국과의 활발한 인력 교류로 지속적인 성장을 꾀할 계획이다.

물이 모자랐기 때문에 물 강국으로 변신한 싱가포르의 역설적인 사례는 우리에게도 큰 교훈이 되고 있다.

❙ 유럽이 함께 살려 나가는 라인 강의 재자연화 작업

라인 강은 스위스 알프스 산지에서 발원해 독일, 프랑스, 오스트리아, 네덜란드를 거쳐 북해로 유입되는 대표적인 국제 공유하천이다. 총연장은 1,326㎞, 유역면적은 224,000㎢다. 유속이 빠르며 운하를 통해 지중해와 흑해와 발트 해 등과 연결된다. 여러 나라를 지나지만 그중 독일을 흐르는 부분만 약 700㎞이다. 독일은 20세기 초반 라인 강의 수로교통을 활용하며 이미 세계적인 공업국으로 부상하였다. 2차 대전 이후 육로의 비중이 늘어났음에도 철도와 고속도로는 주로 루르 공업지대 등 라인 강을 끼고 있는 주요 산업도시들을 경유하고 있다.

라인 강에서의 분쟁원인은 크게 두 가지다. 용수 사용량 증가에 따른 수질오염과 개발로 인한 홍수위험성의 증가가 바로 그것이다. 라인 강의 수위는 건기와 우기에 따라 최대 10m까지 차이가 난다. 라인 강을 둘러싼 유역국가들의 분쟁과 협력의 역사는 정치, 외교, 전쟁과 긴밀하게 얽혀 있다. 거슬러 올라가면 1815년 비엔나회의에서 수립된 '국제하천 운송의 자유원칙'과 '라인강운항중앙위원회' 회의가 있다. 여기엔 벨기에, 프랑스, 독일, 네덜란드, 스위스가 참여했다.

제2차 세계대전 이후, 산업 발달과 도시로의 인구 밀집에 따른 산업폐수와 생활하수 방류 등으로 라인 강의 수질은 크게 오염되었다. 연어가 사라졌고, 물고기들이 떼죽음을 당했다. 수질오염이 라인 강 국제협력을 본궤도에 올리는 계기가 되면서 1950년 국제라인강보존위원회(ICPR)가 설립되었다. 1963년에 '국제라인강 수질오염방지위원회'가 설립되고, 이어 라인 강 보호를 위한 다국가 협의체(ICPR : International Commission for the Protection of Rhine)가 출범했다. 1976년에는 '라인강 화학오염 방지조약'과 '라인강 염화물오염 방지조약'이 체결됐다. 스위스, 독일, 프랑스. 룩셈부르크, 네덜란드와 함께 유럽위원회EC가 회원국으로 참여해 염소화합물 배출감소 규제가 논의되었다.

1986년 라인 강 상류에서 일어난 스위스 다국적 화학공장의 저장창고 화재는 화학약품 누수를 일으켜, 라인 강 상류 400㎞를 크게 오염시킴으로써 물고기들에게 떼죽음을 선사했다. 이로써 환경 재앙에 대한 경각심이 크게 일어났다. 1987년 '라인강 행동계획(Rhine Action Plan)'이 수립되어 연어회귀, 화학 및 위험물질 배출 50% 감소 등의 목표가 정해졌다. 1993년 계획에는 홍수방재기능이 추가되어, 현재의 다방면 국제협력체제가 확립되었다.

2000년 12월부터는 '유럽연합 물관리지침(EU Water Framework Directive)'의 유역 물관리제도가 적용되고 2001년부터 '라인2020

라인 강, 스위스 바젤시

라인 강 지속가능발전프로그램'을 수립하여, 라인 강의 종합적인 관리 및 이용에 대한 연구 및 정책집행을 강구하고 있다.

독일 정부는 2000년 이후 '라인 강의 재자연화 사업'을 통해 생태계 회복과 홍수예방, 물류 활성화 등의 방안을 강구하고 있다. 독일 내 라인 강 구간을 15구간으로 나눠 5년에서 20년에 걸친 재자연화 작업을 2009년부터 진행 중이다.

라인 강을 둘러싼 국가 간 협력의 근간은 결국 1950년 설립된 '국제라인강보존위원회'라고 할 수 있다. 동 위원회가 수행한 오염물질 배출규제를 통한 수질오염 경감, 수질 생태계 보전, 재해예방, 종합적 관점의 물 관리계획 수립, 지속 가능한 개발, 음용수원 확보, 홍수방어, 해양생태계 보호계획 수립, 결정사항에 대한 구체적 시행 작업 등의 역할은 우리나라에서의 물 분쟁 해결에도 좋은 본보기가 될 것이다.

라인 강의 사례는 물의 본성을 따르는 것이, 질서를 지키면서 혜택과 즐거움 그리고 대가의 지불이나 비용의 부담 등을 최대한 공평하게 하는 것이 갈등을 막고 또 해결하는 바탕이라는 것을 말해 준다. 이와 더불어 서로 조화를 이루면서 작은 양보와 희생으로 상생을 추구하는 태도만이 예기치 못한 비극을 막고, 모두의 생존과 지속 가능성을 높여준다는 것을 증명한다.

❙ 미국 7개 주와 멕시코의 젖줄 콜로라도 강

콜로라도 강은 북미대륙 로키산맥에서 발원하여 와이오밍, 유타, 콜로라도, 뉴멕시코, 네바다, 캘리포니아, 애리조나 등 미국 서부 7개 주를 거쳐 멕시코 령 캘리포니아 만으로 흘러드는 미국 남서부의 대표적인 하천이다. 길이는 약 2,230㎞에 달하며 유역면적 약 63만 2천㎢이다. 2만 2천㎢의 농지에 필요한 물을 책임지고 있으며, 4,000만 명 이상의 인구가 생계를 의존하고 있다. 도시로는 덴버, 라스베이거스, 피닉스, 투손, 로스앤젤레스, 샌디에고가 모두 이 강물을 쓰고 있다. 수많은 협곡들로도 유명한 콜로라도 강은 애리조나 북부에 웅대한 그랜드 캐넌이 있고, 하류의 홍수 방지 겸 뉴딜 정책의 일환으로 1936년 완공된 후버 댐이 네바다 주와 애리조나 주에 걸쳐 있다.

미국은 전통적으로 수리권에 관해 연안주의(Riparian Rule)와 선

콜로라도 강을 둘러싼 분쟁지역

점주의(Prior Appropriation)의 두 개념을 적용하고 있다. 강우량이 적고 물이 귀한 서부에서는 '선점주의'를, 물 사정이 괜찮은 동부 지역에서는 '연안주의'를 채택하고 있다. 선점주의는 '물을 합법적으로 신청해 먼저 사용한 사람에게 사용권이 지속적으로 주어지는 제도'를 말하며, 연안주의는 '연안지의 토지 소유권자에게 물 사용 권리가 주어지는 것'을 말한다. 이 두 원칙을 병합한 혼합체제Hybrid System도 대두되고 있으며, 이는 연안주의를 채택한 주들이 물 사용 권리 확대를 위해 선점주의의 이점을 일부 도입한 체제이다.

콜로라도 강의 물 관리와 사용에 대해선 100여 년이 넘도록 수많은 분쟁들과 분쟁을 조절하기 위한 협약이 이어져 왔다. 상류와 하류의 7개 주는 1921년 '콜로라도강 하천관리위원회'를 구성한 뒤, 이듬해 '콜로라도강 협약Colorado River Compact'을 맺는다. 협약은 총 유출량 18Maf*에서 상류역(콜로라도 주, 와이오밍 주, 뉴멕시코 주, 유타 주) 7.5Maf, 하류역(애리조나 주, 네바다 주, 캘리포니아 주) 7.5Maf으로 각각 반씩 할당하고, 3Maf은 인디언을 위한 예비수리권으로 두었다. 콜로라도 강의 물 사용에 대한 우선순위는 도시용수, 농업용수, 수력발전용 순이었다.

1949년에는 콜로라도 강 상류유역에 대한 '수자원개발계획에 관한 협약'이 체결되었다. 이 협약으로 콜로라도 주에 절반이 넘는 51.75%, 뉴멕시코 주 11.25%, 유타 주 23%, 와이오밍 주 14%가 배분되었고, 나머지는 지역 일부가 상류유역에 포함된 애리조나 주에 할당되었다.

이후 애리조나 주가 콜로라도 강의 지류인 길라 강의 물을 이용하기 위한 댐 건설에 나서자 캘리포니아가 반대하고 나선다. 1952년 애리조나가 수자원 분배에 대해 소송을 제기했으나 대법원이 기각하였고, 지류의 하천수 사용에 대해서는 애리조나 주의

---

* Maf(million acre feet) : 백만 에이커(1acre = 4,046.8㎡)의 면적을 1feet(30.48㎝)의 높이로 채울 수 있는 양. 1acre feet = 약 1,233.5㎥. 1Maf = 12억 3,300만㎥

손을 들어주었다.

이후에도 물 배분과 사용에 대한 여러 분쟁과 타협이 있었으나, 콜로라도 강의 물 분배는 사전에 이를 예측한 미국 7개 주의 협상 안에서 잘 관리되고 있는 편이다. 이와는 달리 콜로라도 강 하류에 위치한 멕시코는 멕시코혁명(1910~1920년)에 따른 정쟁으로 콜로라도 강의 물 분배에 대해 적극적으로 대응을 하지 못했던 터라 차후에야 지속적으로 문제를 제기해 왔다. 2차 세계대전이 끝난 1944년에서야 미국과 멕시코 간에 물 협정이 체결되었다. 매년 1.5Maf의 물을 멕시코에 보증하고, 경우에 따라 0.2Maf을 추가 배분하며 극한 가뭄이나 특별한 경우에 한해 미국 측 삭감분과 동일한 비율로 삭감키로 하였다.

한편 '멕시코 정부는 미국으로부터 연간 18억 5천만m^3의 물을 받는 대신 연간 4억 3천100만m^3의 브라보 강물을 미국에 준다.'라고 협정을 맺었지만, 실제로는 가뭄 등으로 멕시코가 물 공급을 제대로 하지 못함으로써 미국 텍사스 주와 멕시코는 여러 차례 갈등을 빚어왔다.

한편으로는 콜로라도 강의 수질 악화로 멕시코의 농산물 피해가 심해지자 이에 대한 분쟁이 제기되었다. 미국과 멕시코는 1973년 'Minute24' 조약을 맺어 미국 임페리얼 댐Imperial Dam 방류수의 염분농도를 제한하는 데 합의했으며, 미국 의회는 1974년 '콜로라도강유역관리조약(Colorado River Basin Control Act)'을 통과

시켰다. 여기엔 멕시코와의 국제협약 준수를 위한 시설물 건설에 대한 승인을 포함하고 있다.

한편 근래 들어 콜로라도 강 유역의 급속한 지하수 고갈로 장기적으로 미국 내 7개 주와 멕시코 일부에 물 공급이 원활하지 않으리라는 관측이 대두되고 있다. 특히 지하수 수원은 고갈시 회복이 되지 않아 더욱 문제가 되고 있다.

결국 미국과 멕시코 사이의 물 갈등은, 기본협정 범위 안에서 자국에 유리한 결과를 이끌어내기 위한 두 국가의 오랜 분쟁과 타협의 굴곡을 겪어왔으나, 이제는 보다 장기적인 시각에서 상생을 위해 노력해야 할 국면에 직면해 있다고 하겠다. 물 문제의 해결 여하에, 물 문제 외에도 불법이민, 마약거래, 일자리 등 여러 문제를 안고 있는 두 국가의 미래가 달려 있기 때문이다.

우리나라도 예외는 아니다

우리나라도 물과 관련한 여러 형태의 갈등이나 다툼이 있다. 댐의 건설 및 운영관리를 둘러싼 상·하류 간 다툼, 새로운 수로 건설로 물을 빼앗기는 지역과 물을 얻게 되는 지역 사이의 갈등, 수질의 악화를 우려해 상류지역 개발 등을 반대하는 하류지역 움직임 등 여러 종류가 있다. 이 가운데 용수부족, 수질오염, 수리권 등 수자원의 관리문제를 둘러싼 갈등과 분쟁이 제일 심하다.

갈등은 지하수를 둘러싸고도 발생하고 있다. 주로 지하수개발업체, 음료업체, 골프장 사업자들이 지하수를 개발하는 과정에서 주변 지역의 지하수와 하천의 고갈을 우려한 지역주민과 갈등을 빚고 있다.

지난 수십 년 동안만 해도 물을 둘러싼 수많은 갈등이 불거지고, 해결되고, 지속되어 왔다. 이 중에는 슬기롭게 잘 해결된 경우도 있고, 아직 적지 않은 문제를 안고 있는 것들도 있다. 갈등은 주로 지역주민 간이나 지자체 간 대립의 형태로 나타난다. 지역입지에 따라 각종개발의 제한을 요구하기도 또한 완화를 요구하기도 한다. 상수원보호지역만 해도 확대지정을 원하는 쪽이 있고, 보호구역지정 폐지를 바라는 쪽도 있다. 그 가운데 만만찮은 사회문제가 되거나 해결이 시급한 몇몇 사례를 살펴보자.

❙ 강원도와 수도권의 다른 생각

우리나라는 동쪽은 높고 서쪽은 낮은 동고서저東高西低의 지형 탓에 영동지역을 제외한 대부분의 강들이 동에서 서로 흐른다. 태백산맥을 중심으로 서에서 동으로 흐르는 강이 없는 것은 아니지만, 이는 일부에 불과하다. 특히, 한강은 강원도(내금강과 검룡소)에서 발원해 서해로 흐르면서 2,500만 수도권 주민의 젖줄이 되어 왔다. 만약 강원도 유역에 내린 물이 효율적으로 수도권에 공급되지 않았다면, 서울을 비롯한 수도권의 모습은 지금과 크게 달라졌을 것이 분명하다. 이를 증명해 주는 가장 대표적인 사례가 소양강다목적댐이다. 1967년 첫 삽을 뜬 소양강다목적댐은 안정적인 용수공급과 홍수조절로 한강의 기적을 이룬 경제성장의 바탕이 되었다. 서울, 인천, 경기 등 우리나라 인구의 절반 가까이가 쓰고 마시는 물을 소양강다목적댐이 맡아왔다. 이런 경우, 하류인 수도권에서는 고마운 마음을 가지고 상류인 강원도에서는 자부심 비슷한 느낌을 가지는 것이 일반적일 것이다.

그러나 현실은 어떠한가. 많이 다르다. 소양강다목적댐이 만들어진 지 40년이 넘은 현재, 강원도 등 한강 상류지역 주민들은 불편을 감수하며 누군가를 원망하고 있고, 수도권 등의 하류지역 주민들은 보다 철저한 상수원 관리를 요구하거나 오히려 물값을 낮출 것을 주장한다. 특히, 강원도는 물이 많다는 이유로 많은 것을 내주었지만 혜택은 적고 아픔만 남았다는 피해의식이 크다.

강원지역 주민들의 주장도 상당한 근거가 있다. 소양강다목적댐이 만들어지며 무려 4,600여 세대가 삶의 터전을 떠나야 했다. 보상 역시 충분하였다고 말하기는 어렵다. 당시의 국가적 상황 등에 따른 것이지만, 보상금만을 가지고 다른 지역에 제대로 정착하기에는 어려움이 있었던 건 분명하다. 댐 건설 후에도 교통 불편, 기상 변화, 개발 제한, 흙탕물 피해, 재산권 행사 제한 등 손해나 피해가 이어졌다.

하류지역에는, 그래서 물 이용 부담금을 내고 수계기금 등이 주어지지 않느냐고 말하는 사람도 있다. 강원도는 이런 주장에 반발한다. 물 이용 부담금을 재원으로 상류지역의 수질을 개선하기 위한 한강수계기금 중 강원도에는 약 20%만 배분되고 절반 가까이가 경기도로 배분되고 있기 때문이다. 하류지역인 경기도가, 훨씬 많은 규제를 받는 상류지역보다 더 많은 기금을 받는 것이 왠지 부당해 보이기 때문이다.

2015년, 우리나라 중북부지역은 가뭄이 극심했다. 특히, 강원도지역이 그랬다. 이때도 북한강 상류 강원지역은 물이 모자라 크고 오랜 고통을 겪어야 했으나, 하류인 수도권지역의 물 사용에는 별 어려움이 없었다. 특히, 수도권 2,500만 명의 식수원인 팔당댐이 언제나 가득 채워져 있는 것은 다름 아니라 팔당댐 저수용량의 각각 10배가 훨씬 넘는 저수용량을 가진 소양강다목적댐과 충청북도의 충주다목적댐에서 매월 팔당댐을 가득 채울 수 있는 물을 보내주기 때문인데 수도권에서는 이를 전혀 알아주지 않는다고 느끼면서 불공평하다는 생각을 버리지 못하는 것이다.

상류지역으로서는 뭔가 억울한 마음이 들 수 있지 않을까. 강원도지역 주민들은 자신들이 부담하는 수돗물값이 서울 등 수도권지역보다 비싼 것도 선뜻 수긍하기 어렵다. 물론, 객관적이고 합리적인 과정을 거쳐 물값이 결정되고 충분한 근거를 가지지만, 감성적인 측면에서 불만을 가지는 이들이 없지 않다.

세상의 다른 모든 일처럼 강원도와 수도권의 생각이 이처럼 다른 것은 일정부분 이유가 있다. 그리고 이러한 요인들을 해소하는 일은 무엇보다 중요하고도 시급하다. 갈등과 다툼의 근본적인 이유를 물을 바라보는 시각의 차이에서 찾아보는 것도 의미가 있을 것이다. 각자 입장에서만 바라보고 생각하고 행동하는 한, 틈을 메우는 일은 어려울 수밖에 없다. 강을 따라 모두는 서로 연결되어 있고, 각자는 혼자 또는 따로 살아가는 것이 아니라는 것을 새롭게 깨닫는 기회가 되었으면 좋겠다.

❙ 영월과 제천의 물싸움

영월군과 제천시 간의 물 분쟁은, 제천시민의 수돗물 사용량이 증가하자 제천시가 1991년에 건설부 인가를 받아 평창강을 취수원으로 하는 상수도 확장사업을 영월군과 맞닿은 장곡에 착공하면서 시작되었다. 이에 대해 영월군 주민들은 제천시가 계획대로 취수를 하면 하류 유량이 줄고 수질이 악화되며 영월군 내에 상수원보호구역을 설정해야 해서, 농업용수 부족과 함께 영월군이 지역발전을 위해 계획한 종합위락단지 조성에 제동이 걸린다는 이유 등으로 크게 반발했다.

평창강 취수를 둘러싼 양쪽 주민들 사이의 반목은 지역대학을 동원한 연구용역 싸움으로 이어졌다. 영월군은 강원대학교에 「주천강 및 평창강 수계조사」를 연구 의뢰하여 '제천시에서 강물을 취수하게 되면 하루 1만 4천m^3의 하천유량이 부족해질 것'이라는 답을 얻어냈다. 제천시에서도 충북대학교에 용역을 의뢰했다. 충북대학교에서는 '취수해도 오히려 2만 6천m^3톤의 물이 남아돌게 될 것'이라는 결과를 내놨다. 다툼이 길어지자 환경처가 나섰다. 환경처는 1994년 5월 양쪽 시, 군의 관계자와 주민대표가 참석한 회의를 열어, '제3기관에 연구를 맡겨 그 결과에 승복한다.'는 합의를 끌어내고, 대한토목학회에 용역을 의뢰했다. 학회는 '제천시가 평창강 물을 계획대로 5만 3천m^3 취수하더라도 하천수량의 적정유지에는 전혀 문제가 없다.'는 연구결과를 내놓았다.

환경처는 제3기관의 용역결과에 승복하기로 한 양자 간 합의를 토대로 제천시의 취수권을 인정하고, 영월군민에 대한 지원 대책을 강구하기로 했다. 건설부에서도 상수도사업 인가 취소를 요구해 온 영월시의 건의를 받아들이지 않기로 결정했다. 이후 제천시에서 취수장 공사를 강행하자 영월군은 다시 '생태계 파괴'를 이유로 반발을 계속했다. 결국 제천시는 1996년 말 '장곡취수장'을 완공하고 가동에 들어갔다. 그리고 여러 차례에 걸쳐 취수장 상류인 영월군 서면의 주천강 일부와 평창강 일부에 대해 상수원보호구역지정을 추진했다. 그러나 영월군은 주민동의 없는 일방적 상수원보호구역지정은 안 된다는 입장을 제시했고, 주민들은 '지역의 의지와는 무관하게 취수장을 준공해 놓고 각종 규제가 따르는 상수원보호구역을 지정하라는 것은 지역이기'라며 반발을 멈추지 않았다.

20년 가까이 원만한 해결에 이르지 못한 영월군과 제천시 사이의 물 분쟁은, 행정기관이 다른 지역 주민에게 영향을 줄 수 있는 사업을 추진할 때 광역행정협의회나 거버넌스 등을 통해 미리 이해를 조정하는 일이 얼마나 중요한지를 잘 말해 준다.

전력댐의 유역변경과 물 부족

물의 낙차를 이용해 전기에너지를 생산하는 댐 중에는 유역을 바꾸어 전기를 생산하는 곳이 있다. 댐을 막은 다음 도수터널을 뚫고 이 터널을 통해 댐의 물을 반대편 낮은 쪽 하천으로 끌어들여 전기를 생산한다. 주로 강이 흐르는 반대편 산지가 급경사를 이루는 곳에 많이 건설된다. 우리나라에도 유역변경식 발전소가 있다. 칠보(섬진강)수력발전소와 강릉수력발전소가 대표적이다. 칠보(섬진강)수력발전소는 우리나라 최초의 유역변경식 수력발전소로, 섬진강 상류 운암저수지의 물을 지하 터널로 유역변경하여 그 낙차를 이용하는 발전소이다. 강릉수력발전소는 백두대간 서쪽 남한강 최상류 평창군 송천에 댐을 막고(도암댐), 댐의 물을 지하수로를 이용해 대관령 너머 강릉 남대천 쪽으로 떨어뜨려 전기를 생산한다. 도암호는 현재 수질문제로 십여 년째 발전을 중단하고 있다.

에너지 생산을 위해 댐을 막고 유역을 변경할 경우 가장 문제가 되는 것은 원래 흐르던 하천으로 내려가는 유량 감소와 물 부족 문제다. 이는 댐을 막아 동일한 하천으로 발전을 도모하는 댐과 근본적으로 다른 현상이다. 자칫 수력발전에 치중하는 경우 원래 하천으로 흐르는 물이 크게 줄어들어 생태에도 영향을 주게 되며 아울러 과거와 동일한 강우량인 경우에도 하류에서 사용하던 유량이 제대로 공급되지 못하는 경우를 종종 만들기 때문이다. 이러한 문제는 남북 간에도 존재하고 있다.

북한이 남북 공유하천에 건설운영 중인 유역변경식 수력발전소로 인해 북한강과 임진강의 물 부족이 현실화되면서 큰 문제가 되고 있다. 더구나 북한이 남북한 공유하천 상류에 많은 수리시설물을 건설해 이용하는 동안, 이와 관련한 남북 간의 협력이 전혀 이루어지지 못하고 있다.

황강댐은 임진강 비무장지대 북쪽 27*km* 지점에 건설된 댐이다. 북한은 황강댐을 막아 예성강 지류 구연천으로 유역을 변경해 전기를 생산하고 있다. 이 때문에 임진강은 물이 부족해져 지속적인 퇴적현상이 발생하고 수심이 급격히 낮아지면서 하천으로서의 기능을 잃어가고 있다. 황강댐 담수 전후의 임진강 유황을 분석한 결과에 따르면 평상시 수량은 18%, 갈수기 수량은 약 45% 감소한 것으로 나타났다.

북한강 상류에 건설된 임남댐(금강산댐)도 큰 위협이 되고 있다. 북한은 이 댐의 물을 강원도 동해안 반변천으로 유역을 변경하여 전기를 생산한다. 유량이 단절되어 하천관리나 생태환경 등에 막대한 영향을 받고 있다. 임남댐의 준공 후 북한강의 수량은 연간 16억m^3이나 감소한 것으로 나타났다.

남북 공유하천의 물 문제는, 물 문제를 넘어 남한에 엄청난 스트레스와 긴장을 안기고 있다. 임남댐에 대한 대응과정에서 댐 붕괴, 수공水攻의 가능성, 정치적 분열 등 온갖 스트레스에 시달려야 했다. 상류의 북한이 일방적으로 물을 이용하고, 별다른 대응수단이 없는 하류의 남한에서는 그 피해를 고스란히 받고 있다. 폐쇄적이고 거의 횡포에 가까운 북한의 태도도 문제지만, 남북 간의 협력이 얼마나 중요한지 다시금 확인할 수 있는 사례라 하겠다.

남북 간에 공유하천 공동관리를 위한 조약체결이나 관리기구 설치가 시급하다. 어느 한쪽의 일방적인 사용 대신 공유하천 유역의 근본적이고 실질적인 이, 치수대책을 마련해야 한다. 자연환경 보존, 지속 가능 개발에 관심을 가져야 한다. 단계적인 접근이 바람직할 것이다. 신뢰를 토대로 공동의 이익증진을 목표로 해야 한다. 정보교환, 공동조사 및 관리 등을 먼저 추진하면서, 남북이 협상테이블에 마주 앉아야 한다. 노후시설 현대화, 상하수도 개선, 하천관리 등의 상호협력 사업 추진도 큰 도움이 될 것이다. 아울러, 우리나라에서도 유역변경으로 하류로 흐르는 유량을 크게 감소시키는 전력댐에 대한 근본적 대책이 강구되어야 할 것이다.

대구와 구미의 다른 시각

대구와 구미는 낙동강을 끼고 발전해 온 도시다. 역사, 지리, 사회, 문화 등 모든 면에서 매우 가깝다. 다른 지역에 사는 사람들

가운데는 두 도시의 차이를 느끼지 못하는 이도 많다. 그런데도 두 지역 주민들 간에는 물을 둘러싼 갈등이 존재한다. 대구시민들의 오랜 소망은 맑은 물을 확보하는 일이다. 과거 구미공단의 잦은 수질오염 사고로 물 걱정이 큰 까닭이다. 그래서 오래전부터 생활용수 취수원을 보다 청정한 곳으로 옮기고자 애써왔다. 가능성이 가장 큰 것이 달성군 다사읍에 있는 매곡 취수장을 구미공단 상류 해평 광역취수장으로 옮기는 방안이다. 그런데 이러한 계획은 구미지역과의 갈등을 불러왔다.

구미시민들은 대구시의 취수원 이전이 구미지역의 수량부족과 수질악화를 가져올 것을 걱정했다. 맑은 물의 대구시 공급이 상수원보호구역 확대지정으로 이어져 재산권 행사와 농업용수 사용 등에 제한을 초래할까 꺼려했다. 대구시는 해당계획의 검토용역 등을 통해 구미시에 협조를 요청하였다. 갈등은 7년 넘게 이어졌다. 2014년 국토교통부의 의뢰를 받은 한국건설기술연구원은 거론되어 온 7개 안을 놓고 조사를 벌였다. 해평취수장으로 옮기는 방안과 취수장 부근의 여과수를 활용하는 두 안이 타당성이 있다고 나왔다.

2015년 2월, 구미시는 '대구와 구미는 한 뿌리이고, 취수원 이전문제로 양 도시가 갈등하고 반복하는 것은 원하지 않는다.'면서, 지자체 주도의 민관협의회(가칭)를 통해 취수원 이전문제를 원점에서 재검토하자는 주장을 내놨다. 민관협의회를 통해 그동안

두 도시가 주장한 취수원 이전, 대체수자원 개발, 취수원 다변화 등에 대해 해외 선진사례 등을 원점에서 면밀하게 검토해 실증적이고 현실성 있는 결론을 이끌어내자는 것이었다.

대구시는 이와 관련해 접촉 자체를 거부하던 구미시가 진일보한 태도를 보인 것을 환영하면서도 시간 끌기는 아닌지 경계했다. 취수원 이전 문제에 대해 대구주민들은 구미에서 도무지 마음을 열지 않는다고 안타까워하고, 구미주민들은 대구시와 국토교통부의 일방적인 추진으로 갈등이 고조된다고 말한다. 기대와 우려 속에 마침내 '대구 구미 민관협의회'가 구성되어 몇 차례 회의를 거쳤지만, 아직까지도 뚜렷한 해결의 실마리를 찾지 못하고 있다.

부산과 경남의 다른 시각

부산시민들의 물 걱정도 역사가 깊다. 지리적인 위치 때문에 낙동강 물을 수원으로 활용해 왔는데, 모두가 아는 것처럼 이 물은 오염도가 높고 이의 개선도 쉽지 않은 상황이다. 대신 여유가 있는 남강댐 물을 취수해 부산과 동부 경남의 식수로 공급하는 방안이 추진되었다.

이에 대한 경상남도의 반발은 거셌다. 서부경남 지역의 물 부족을 우려한데다, 남강댐의 안정성, 지역 간 균형발전 등 여러 요인이 복합적으로 작용했다. 이후, 남강댐의 높이를 높이고, 문정댐(일명 지리산댐) 건설 등의 대안이 거론되었지만 20년 가까운 시간이 지나도록 논란만 계속되고 아직까지도 갈등은 사라지지 않고 있다.

좋은 물을 안전하게 확보하는 일은 비단 부산사람들만의 문제가 아닌 낙동강 주변에 사는 모든 사람들의 바람이며 함께 고민해야 할 문제라는 시각이 필요할 때라는 생각이 든다. 행정구역 중심의 물관리 시각에서 벗어나 자연, 환경적 특성을 반영한 유역단위 통합물관리 측면에서 해결책을 찾을 수도 있을 것이다. 답은 결국 공감과 소통과 대화와 양보와 상생에 있다. 다양한 의견을 수렴하는 정치활동과 더불어 적극적 참여를 바탕으로 갈등해결을 촉진하는 체제가 필요하다. 공정하고 생산성 높은 해결에 대한 시민사회의 압박과 규칙도 매우 중요하다는 생각이 든다.

도시와 농촌의 다른 생각

도시와 농촌 간에는 발전정도의 격차 등으로 다양한 갈등이 존재한다. 어느 시대, 어느 나라나 지역 간 발전 격차와 그로 인한 지역갈등이 있어 왔다. 특히, 우리나라는 단기간의 압도적이고 급속한 경제성장 과정으로 갈등의 폭이 심한 편이라고 할 수 있다. 물과 관련해서도 잘 보이지는 않지만 도농 간 갈등이 있다. 도시는 마음껏 값싼 물을 편리하게 쓸 수 있는데, 농촌은 수돗물조차 공급되지 않는 곳이 있고 물값도 도시보다 비싼 경우가 많다.

특히, 물값은 깊이 생각해 봐야 할 부분이 많다. 우리나라 광

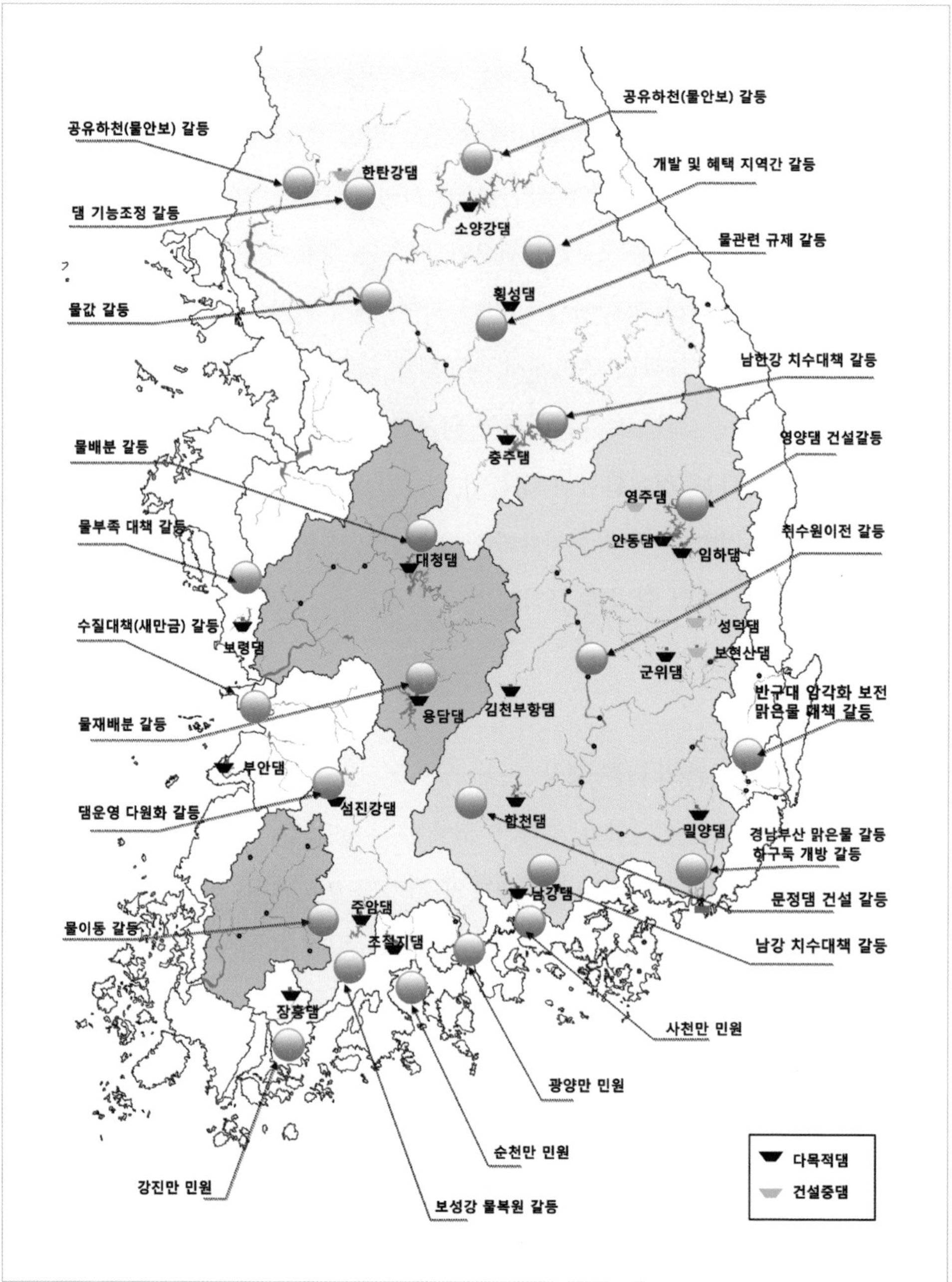

우리나라에서 제기된 여러 형태의 물 갈등

역상수도 물값은 전국이 동일하다. 그러나 지방상수도는 각 지자체 여건에 따라 다르다. 결정도 지자체의회에서 한다. 2013년 상수도통계(환경부, 2014)에 따르면 m^3당 가정용 수도요금의 경우, 서울은 402원, 대전은 424원, 광주는 426원, 대구는 465원, 인천은 497원인 데 비해 전북은 717원, 전남은 611원, 경남은 594원, 충남은 530원, 강원은 519원 등이다.

물론 원인은 있다. 도시는 수돗물을 대량생산하지만 농촌은 그럴 수가 없다. 당연히 단위당 생산비가 차이가 난다. 농어촌지역은 또한 마을이 떨어져 있어 상수관망 설치비가 많이 든다. 규모의 경제 문제라고 할 수 있지만, 이러한 상황이 계속되는 건 결코 바람직하지 않다. 형평성이나 물복지 등의 측면에서 시대와 국민의 요구에 배치되기 때문이다.

농촌지역과의 상생과 화합을 위해 도시지역이 먼저 손을 내밀어야 한다고 생각한다. 수돗물 혜택을 누리지 못하고 있는 산간오지나 해안도서지역 등에 수돗물을 공급하는 일에 도시지역이 애정을 갖고 또 실천방안을 찾아보는 일을 게을리 해서는 안 되리라 본다. 그들이 오랜 기간 물 부족으로 고통 받았음을 생각해 보는 게 좋을 것이다. 그들이 눈에 보이지 않는다고 해서 소홀히 하거나 아예 잊고 지내는 것은 인간적인 측면에서도 도리가 아니다. 오늘날 우리는 대다수가 도시와 수도권에 거주하며 생활하고 있지만 조상 대대로 이어지는 고향을 지키며 소박한 생활을 하는 이들은 우리의 부모님이자 우리 정신의 고향을 지키는 분들이기 때문이다. 전국적으로 그들이 척박한 지역을 지키고 또 가꾸고 있다는 것은 산업사회를 사는 우리에게도 정서적인 영양분을 알게 모르게 공급하고 있다고 봐야 하며 그 가치는 물질로 대체될 수는 없다고 본다. 그런 이들을 생각하며, 이와 함께 농어촌지역 등의 물값을 낮춰주려는 노력은 우리의 작은 성의일 것이다. 도시지역에서의 투자와 지원은 보람 있는 의무이자 진정한 물복지 실현을 위한 중요한 걸음이라고 본다.

물 쉼터

아프로디테, 사랑하는 사람을 잃고 눈물 흘리는 절대미모의 여신

아프로디테는 로마의 비너스에 해당하는 그리스 여신이다. 절대 미모와 관능을 대표하는 신으로, 거품에서 태어나 '아프로디테'라는 말이 붙었다. 바다의 신이 커다란 조개껍데기에 그녀를 태우자, 서풍의 신이 이 조개를 해변으로 보낸다. 섬의 여신 탈로가 그녀를 '거품에서 태어난 여신'이라고 처음으로 부른다. 그때 거품이 조개껍데기 주위를 떠다니고 있었다 한다.

도도하고 기품 있는 헤라, 지성미가 돋보이는 아테나에 비하여 섹시미가 도드라진 팜므파탈 형 여신이다. 매우 자유분방해 남편이 있음에도 군신 아레스와 바람을 피웠다. 에로스, 아모니아 등 네 명의 자식을 두었는데, 미소년으로 유명한 아도니스를 사랑했으나 그는 멧돼지에 물려 죽는다. 이때 아도니스의 몸에서 흘러나온 피에서 아네모네가, 아프로디테가 흘린 눈물에서 장미가 생겨났다고 한다. 피나 눈물도 결국 물의 형태로 본다면, 물은 죽음과 파괴를 생명과 소생으로 바꾸는 역할을 한다고 볼 수 있다. 다른 신은 다 잊히어도, 아프로디테만은 끝까지 사람들의 입에 오르내릴 가능성이 높다. 아름다움에 대한 관심은 시간이 흐르면 흐를수록 더욱 더 커질 것이기에.

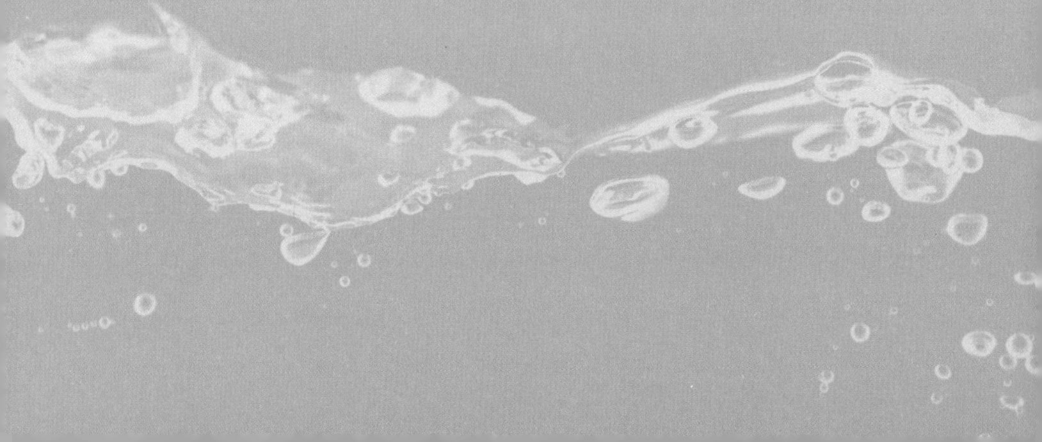

6장

높아지는 욕구와 물복지의 대두

인간이 무엇을 추구하고 중요시하느냐는 시대와 상황에 따라 달라지기 마련이다. 오늘날 사람들은 '건강한 몸으로 즐겁고도 행복한 삶, 그리고 무엇보다 안전한 삶'을 누리기를 바란다. 건강하고 행복하고 안전한 삶을 위해서는 많은 요소들이 뒷받침되어야 하지만, 특히 물을 빼놓을 수는 없다. 물이, 건강을 좌우하며 편리하고 쾌적한 삶을 보장하는 절대요소이기 때문이다. 한편으론 물은 자칫 재난으로 이어질 수도 있어, 이에 우리가 대비해야 하기 때문이다.

우리나라는 짧은 기간에 급속한 발전을 이루었다. 일제강점기 36년의 시련과 6·25전쟁의 폐허를 딛고 GDP 세계 11위에 무역규모 1조 달러라는, 세계사적으로도 유례없는 소위 한강의 기적을 이루었다. 그러한 압축성장의 그늘에는 빈부격차의 심화와 비정규직의 양산이라는 구조적인 취약성도 도사리고 있어, 우리가 극복해 나가야 또 하나의 과제를 안겨주고 있다.

일상이 된 해외여행과 SNS 활성화로 세계는 이제 지구촌으로 불리며, 우리 국민들의 의식구조도 선진국 국민의 의식구조와 다를 바 없게 되었다. 교육을 받은 세대들이 증가하면서, 정치·사회·문화적으로 열린 의식을 갖고 세계적인 변화의 흐름에 발 빠르게 동조하는 경향도 강해지고 있다. 한편 기성세대나 위정자들은 오늘날의 대한민국의 토대를 맨손으로 구축하고 성장을 이끌어왔다는 자긍심에다, 앞으로도 일정 부분 영향력을 발휘할 수 있다는 자신감을 여전히 갖고 있다. 그러나 그런 기득권과 자신감이 부정적인 방향으로 행사될 때는, 권위적이고 억압적인 사회구조를 고착시키는 악영향을 끼치고 건강한 변화를 저해하는 요소로 작용하기도 한다.

물론 기성세대들은 젊은 세대들에게 더 나은 환경을 물려줘야 한다는 짐이 자신들에게 부과되어 있다는 점을 잊고 있지는 않다. 이렇듯 중요한 위치에 있는 기성세대들은, 그들의 경험과 축적된 노하우를 젊은 세대들의 역량을 키우는 데 밑거름으로 제공하고, 한편으론 그들과의 협력으로 시너지 효과를 내며 세계화의 흐름에 동참하고, 나아가 선도해야 할 이중의 과제를 지니고 있다.

이제 우리 사회는, 성장 일변도에서 사회 전체 구성원들의 전반적인 삶의 질을 높이는 데 우리의 역량이 투여되어야 한다는 사실을 누구도 외면하기 힘들게 되었다. 젊은이들에게 희망이 없는 사회는 지속적인 발전을 할 수 없다는 건 자명하고도 엄중한 사실이다. 문화와 여가를 즐기고 친환경을 선호하며 동아리나 가족 단위로 개인적인 행복을 추구하는 경향은 세계적인 추세이며, 이는 미국의 국력을 위협하는 사회주의 국가인 중국도 더는 예외가 아니다. 국민들은 삶에서 양이 아니라 질을 원하고 있다. 거기엔 경제적인 요소들뿐 아니라 쾌적한 주거환경과 맑은 공기와 깨끗한 물 등이 포함되어 있다. 이런 바람은 앞으로 더욱 거세지고 커질 전망이다.

어쨌건 국민들의 요구는 지난날과는 크게 달라졌으며, 경제개발 논리에 밀려 미뤄졌던 복지라는 개념이 이제는 생활 전반에 걸쳐 자연스럽게 자리 잡게 되었다. 복지의 기본은 인간으로서의 기본적 욕구의 해결과 밀접한 관련이 있다. 특히 '먹고 마시는 문제'는 그 어느 욕구보다 앞서는 욕구다.

현대인들은, 물을 단순히 마시고 쓰는 자원이라기보다 당연히 누려야 할 기본권의 하나로 인식한다. 그래서 안전한 물, 우리 건강에 가장 알맞은 물을 충분히 섭취하고 싶어 한다. 물 자원이 최대한 공평하게 분배되고, 다양한 물의 혜택을 고루 누릴 수 있기를 바란다. 나아가 수량과 수질, 가격을 비롯한 모든 부분에서의 만족도와 형평성을 원한다. 이 때문에 전 세계의 대다수 국가나 정부는 이러한 요구에 부응하기 위해 골몰하고 있다.

그러나 우리 현실은 이에 미치지 못한다. 대도시에선 대부분의 가정이 시중에서 판매하는 생수를 사다 마시거나, 정수기를 구입하거나 렌트비를 내가며 물을 소비하고 있다. 일부 부유층은 해외에서 수입한 명품 생수를 마시는 반면, 물값이 부담되는 저소득층들은 미심쩍어하며 수돗물을 마시거나 아예 수돗물의 혜택 자체를 누리지 못하고 있다. 국민들이 '깨끗하고 건강한 물을 충분히 누릴 수 있는 복지를 물복지'라 한다면, 모든 국민이 공평하게 물복지를 누릴 수 있는 방법은 없을까. 이에 대한 진지한 고민이 요구된다. 이러한 요구에 가장 부합되는 물이 바로 수돗물이다. 가장 저렴한 가격으로, 많은 사람들에게, 우수한 품질의 물을 공급할 수 있기 때문이다. 국민 물복지 실현, 수돗물을 통해 그 해답을 구하는 방안을 진지하게 어쩜 기쁜 마음으로 고민해 보아야 한다.

건강을 찾아 헤매는 현대인

의식주, 교과서에나 나옴직한 이 말은 오늘날에도 여전히 중요하다. 다르다면, 집은 몸을 누이거나 비바람을 피할 공간에서 쾌적하고 휴식을 취할 수 있는 공간으로, 옷은 몸을 가리고 추위를 막는 차원에서 패션과 고기능을 추구하는 실용예술품으로, 음식은 허기를 면하고 에너지를 얻는 차원에서 건강을 생각하고 미각을 탐구하는 방향으로 나아가고 있는 점이 다르긴 하다. 국가경제가 발전하고 그 규모도 커지면서 국민이 안정적으로 살아갈 수 있는 사회 전반의 여러 시스템이 갖추어졌다. 물론 능력과 노력이 뒷받침되어야 하지만, '일정 수준의 행복한 삶의 영위'가 기본적으로 가능해지면서, 사람들의 관심은 '삶의 지속이나 연장', '더 나은 삶'으로 모아졌다.

가장 먼저 떠오르는 것이 건강이다. 옛말에 '재물을 잃음은 인생의 일부를 잃는 것이고 명예를 잃음은 인생의 절반을 잃는 것이나, 건강을 잃음은 인생 모두를 잃는 것'이라 했다. 누구나 수긍할 만한 얘기지만, 사람들은 이를 새삼 깨닫기나 한 듯 건강에 특별한 관심을 집중하기 시작했다. 건강은 생활 전반을 관통하는 핵심 가치 또는 기준이 되었으며, 심지어 건강에 좋다면 물불을 안 가리는 이들을 찾아보기가 어렵지 않은 시대가 되었다.

흔히 사람을 '이성을 추구하는 합리적인 동물이자 만물의 영장'이라고 하지만, 그것도 건강할 때나 가능하다. 그래서 현대인은 장수長壽, 즉 오래 살고 싶어 한다. 질병 없이 아프지 않게 살아가기를, 일상생활에 불편함이 없기를 원한다. 또한, 신체적, 정신적, 사회적인 안녕安寧의 유지를 바란다. 이러한 바람은 사람들이 건강을 찾아 헤매도록 이끌었다. 맑은 공기, 몸에 좋은 음식을 찾아다니며 건강 증진과 질병 예방 등에 노력을 하지만, 엉뚱한 곳에 돈을 쏟아붓는 일도 흔해졌다. 옷이나 가구나 식품에서부터 집이나 자동차 등에 이르기까지, 건강을 위협하는 요소가 덜하다는 이유만으로, 또는 막연히 친환경적이라는 홍보에 솔깃해 과다한 비용을 들이기를 마다하지 않는다. 물론 비만 예방과 체력 단련을 위해서도, 각종 오염과 공해 같은 유해환경으로부터 안전하기 위해서도 기꺼이 비용을 지불한다.

그러다 보니 과학적으로 증명되지 않은 일종의 '불안 마케팅'이나 '과장 광고'에 넘어가 충동적으로 지갑을 여는 일도 무척 흔하다. 2015년 우리나라의 '백수오 파동'이나, 2004년 일본의 '저질 글루코사민' 파동과 2005년의 '천천소天天素 파동', 2003년 미국의 '식물성 흥분제 에페드라ephedra 파동' 등이 건강에 대한 지나친 관심과 오해에서 비롯된 좋지 않은 사례이다.

건강에 대한 높은 관심은 한편으론 물로 눈길을 돌리도록 만들었다. 물이 건강에 미치는 영향을 충분히 알고 있는 사람이나 새롭게 알게 된 사람이나 모두 물을 주시하기 시작했다. 생명유지의 3대 요소의 하나가 물이고, 어떠한 생물도 물 없이 살아갈 수 없다는 과학적 진실 때문만은 아니었다. 물로 건강을 증진, 유지시킬 수 있는 방법이 있으며 물 중에는 한층 건강에 좋은 물이 있을 것으로 믿었던 것이다.

효과가 입증되지도 않은 해외 유명생수, 약수, 육각수 등을 비싸게 구입해서 마시는 사람들이야말로 이를 잘 대변해 준다. 물은 또 일종의 기호식품으로서의 위치도 새로이 확보하기 시작했다. 세계 각국의 물이 진열된 워터 바water bar, 워터카페water cafe가 등장했고 미국에서는 백악관에 공급한다는 생수가 크게 인기를 끌었다. 프랑스의 에비앙 등 생수산업의 성장도 가팔라졌다. 각국의 생수 경쟁이 가열되

워터카페에서 손님에게 물을 따라주고 있다.

고 저마다 각종 효능을 내세우면서 물을 선택하는 기준도 천차만별이 되었다. 다이어트에 좋은 물을 찾는 이, 차 끓이기 좋은 물을 찾는 이, 몸 어디어디에 좋다는 성분이 많이 함유된 물을 찾는 이 등 나이나 취미, 관심사항 등에 따라 선택도 달라졌다.

국내도 수많은 생수회사가 '먹는 물 관리법'이 제정된 1995년 이후 각종 생수를 경쟁적으로 시판해 왔고, 지금도 신제품이 출시 대기 중이어서 사람들은 나날이 새로운 브랜드의 물맛을 감상하는 호사를 누리고 있다. 놀라운 것은 그 모든 브랜드의 껍질을 벗겨보면 거기엔 오로지 물 외에는 없다는 것이다. 특별한 물, 건강한 물이라고 항변하고 싶겠지만, 그런 정도의 기능은 수돗물도 갖추고 있다면 얼마나 많은 사람들이 믿어줄까? 그러나 그것은 개인의 주장이 아니라 과학적으로 증명되고 있는 엄연한 사실이다. 세계적인 주요기관들의 연구 및 검사 결과는 수돗물의 손을 들어주고 있으며, 수질이 우수한 우리나라의 수돗물은 그중에서도 더욱 높게 평가되고 있는 것이 사실이다. 그렇다면 왜 우리는 수돗물을 마시지 않는가? 이에 대한 이야기는 좀 후에 다루겠다.

물 쉼터

물을 이용한 최초의 음악, 히드라올리스Hydraulis

물을 활용해 음악을 연주하는 방식은 기원전 250년경 알렉산드리아의 크테시비우스Ctesibius가 개발한 히드라올리스Hydraulis로부터 시작되었다. 히드라올리스는 수압 오르간Water Organ으로도 부르는 파이프 오르간의 전신으로, 수공으로 만든 피아노 건반의 시스템을 활용한 최초의 악기다. 음계 순으로 배열한 몇 개의 파이프에 송풍장치와 밸브를 달고 손으로 연주할 수 있도록 고안되었으며, 송풍장치는 물의 압력을 이용해 작동시킨다. 음색이 크고 거칠며 서커스나 박람회, 축제 등에서 주로 활용되었다. 물을 비우고 다시 채우는 과정이 매우 복잡해, 오늘날은 공기의 압력을 이용하는 방식으로 변경되었다.

물은 건강의 가장 중요한 바로미터이다

현대인이 물을 새롭게 주목하게 된 것은 물이 건강의 바로미터barometer이기 때문이다. 사람은 보통 체중의 60~70% 정도가 물로 이루어져 있다. 이 중 20% 정도가 없어지면 생명이 위태로워진다. 음식은 먹지 않아도 3주 이상 버틸 수 있지만, 물을 마시지 않고는 단 며칠을 못 버틴다. 피, 침, 눈물, 콧물, 땀, 오줌의 주성분도 물이다. 물이 없으면 세포가 형태를 유지하고 대사작용을 할 수 없다. 영양소를 몸속 곳곳으로 나를 수도, 맛을 느끼고 소화를 시킬 수도, 먼지나 세균을 막을 수도, 노폐물을 몸 밖으로 내보내고 체온을 조절할 수도, 숨을 쉴 수도 없게 된다. 물은 이처럼 생

인체 각 부위별 물이 차지하는 비율

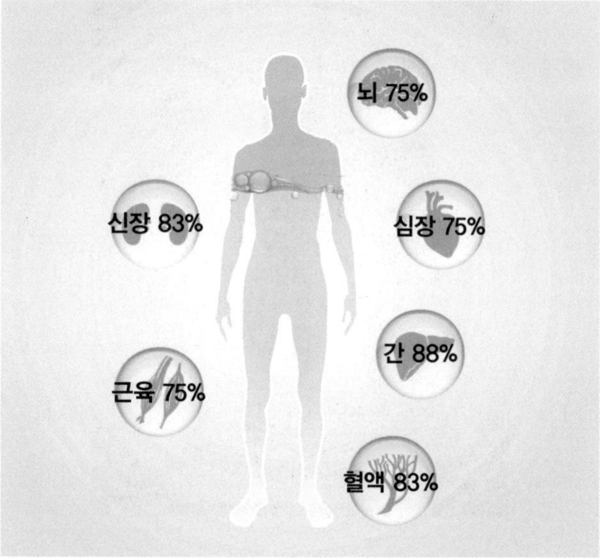

명활동에 결정적인 역할을 한다.

최근 한국건강관리협회가 강조한 물의 5가지 효능도 새겨둘 만하다.

첫째, 해독 작용이다. 체내에서 유해산소를 제거하고 미세먼지 등 독소의 체외배출을 돕는다.

둘째, 다이어트 효과다. 물은 열량이 없지만 마시면 포만감을 주기 때문에 식욕억제 효과가 있다. 신진대사를 도와 체지방을 줄여주고 콜레스테롤 수치에도 영향을 준다.

셋째, 혈액순환 촉진이다. 물을 잘 보충해 주면 혈액과 조직액의 순환이 원활하게 되며, 피로 회복, 생리통 완화 등에 도움이 된다.

넷째, 노화를 억제한다. 인체에서 수분이 차지하는 비율은 나이에 따라 다르다. 신생아는 90%, 성인은 70%, 노인은 50% 정도다. 수분부족은 피부노화를 빠르게 진행시킨다. 반면에 충분한 수분 보충은 세포의 노화방지에 기여한다.

다섯째, 숙면에 도움이 된다. 자는 동안에도 인체는 대사과정을 통해 수분을 소비한다. 그러다가 갈증을 느끼면 잠에서 깨게 된다. 때문에 잠자기 전에 반잔 정도의 물을 마시면 도움이 된다. 하지만 잠들기 직전에 마시거나 너무 많은 양의 물을 마시는 건 좋지 않다.

물과 건강의 이러한 일반적 관계뿐만 아니라, 근래 사람들은 마시는 물에 들어 있는 무기영양소, 즉 미네랄mineral에 특히 주목한다. Ca, Mg, P, Na, K, Cl, Cu, Zn, I, Mn, Co, F, Mo, Se, Cr, V, Sn

등의 미네랄은 인체건강과 직접적이고 큰 관련이 있다. 5대 영양소의 하나로 불리는 미네랄은 인체세포, 단백질, 체액과 효소, 근육, 뼈 등에 없어서는 안 되는 성분이다. 인체기관이 정상적인 기능을 발휘하고 못하고의 여부가 미네랄에 의해 결정되기도 한다. 미네랄이 부족하면 영양의 3대 요소(단백질, 지방, 탄수화물)를 연소시키지 못하기 때문에 에너지를 낼 수 없고, 연소되지 못한 영양소가 쌓이면 성인병과 비만의 원인이 된다. 알레르기 등 면역력 저하, 중금속 오염, 신진대사 장애 등의 질병도 미네랄 부족에 따른 경우가 많다.

이밖에도 미네랄의 결핍에 따른 치명적인 질병은 많다. 셀레늄Se이 부족하면 인체조직에 변화가 오거나 암에 걸리기 쉽다. 마그네슘Mg이나 칼슘Ca이 부족하면 뼈가 만들어지지 않는다. 철분의 부족은 빈혈, 피로, 두통 등을 초래한다. 염소Cl 부족은 소화기능 장애를, 나트륨 부족은 성장장애를, 인P 부족은 피로와 흥분을 부른다.

우리가 마시는 물에는 다양한 종류의 미네랄이 이온상태로 들어 있다. 그러나 그 물이 어디에서 생산되고, 사람이 마시기까지 어떠한 과정을 거치느냐 등에 따라 미네랄의 종류나 함량은 크게 달라진다. 예를 들어 역삼투압방식의 정수기로 물을 정수하면 미네랄까지 제거될 우려가 있다. 마시는 물에 인위적으로 미네랄 성분을 추가할 경우에도, 지나친 미네랄 섭취로 부작용을 겪고 오히려 건강을 상하게 될 수 있다. 이는 많은 사람들이 간과하고 있거나 알고도 어물쩍 넘어가는 사실이다.

건강한 삶을 오래도록 이어가고 싶은 사람들의 욕구는 갈수록 커지고 있다. 그리고 건강한 삶은 깨끗하고 안전하며 몸에 좋은 물을 빼놓고는 얘기할 수 없다. 얘기조차 꺼낼 수 없다는 게 정확한 말일 것이다. 그러나 수질오염과 환경 또는 경제적 문제 등을 고려해 볼 때 그러한 물을 마시고 쓰기 위해서는 무엇보다 올바른 지식과 선택이 요구되고 있다. 어떤 물이 정말 건강에 좋은 물인지 우리는 바로 알아야 한다. 그리고 그 물을 모든 사람들이 언제 어디서나 마음껏 마시고 쓸 수 있도록 하자면 어떻게 해야 하는지도 알아야 한다.

건강한 물은 어떤 물인가?

'건강한 물'이란 물 자체의 건강성을 뜻하기도 하지만, '사람의 건강에 유익한 물'에 더 큰 비중을 둔 표현이다. 그렇다고 다른 성분이 조금도 섞이지 않은 순수한 물, H_2O만을 의미하는 것은 아니다. 무기물 등이 제거된 물은 의약품이나 화학실험에 사용될지언정 사람이 마실 수 있는 물과는 거리가 있다.

건강한 물은 안전하고 깨끗하면서도 몸에 좋은 미네랄 등을 균형 있게 포함하고 있어야 한다. 세균이나 중금속, 화학물질 등에 오염되지 않아 깨끗해야 한다. 무엇보다 사람이 마셔서 안전해야 한다. 양이 풍부해야 하고 맛이 좋아야 한다. 언제 어디서나, 그 누구라도 자유롭고 편리하게 마실 수 있으면 더욱 좋다.

이와 더불어, 가능한 한 가격이 낮거나 구입비용이 적게 들수록 좋다. 물의 혜택을 최대한 많은 사람이 고루 누릴 수 있어야 하기 때문이다. 특정 계층이나 특정인, 특별한 증상 등에 좋다고 해서 무조건 좋은 물은 아니다. 소위 '명품 생수'라 해도 보기보다 건강하고 좋은 물은 아니다. 숨겨놓고 혼자 먹겠다는 물이 있다 해도 마찬가지다. 왜 그럴까? 그런 물이 건강을 보장하지도 않을 뿐더러, 물의 본성도 어느 특정한 누구에게만 특별혜택을 주려 하지도 않기 때문이다. 무엇보다도 사람은 누구나 물 없이 살아갈 수 없기 때문에, 모든 인간에게 똑같이 중요하게 다가가는 것이 물이 가진 기본자세이고, 이러한 물이라야 건강하다는 표현을 해도 맞기 때문이다.

다행히도 우리나라는 화강암 지형이 잘 발달되어 있어 각종 미네랄이 균형 있게 들어 있는 건강한 물을 확보하기에 유리한 편이다. 우리나라의 수질분석 기술, 수질관리 기술 또한 세계 최고 수준을 자랑한다. 수질분석 항목만 해도 일본 118개 항목, 미국 111개 항목, 캐나다 110개 항목이지만 우리나라 유일의 물 전문 기관인 한국수자원공사(K-water)에서 공급하는 수돗물은 무려 250개 항목을 분석한다(2015년 기준). 과학적 수질관리의 시작이 수질에 대한 정확한 분석이라는 것을 생각하면, 이 얼마나 미더운 일인가.

물론, 국민 모두가 건강한 물을 손쉽게 이용할 수 있도록 하자면 해결해야 할 과제가 적지 않다. 냄새를 없애고 물맛을 개선하는 일도 그중 하나다. 이러함에도 불구하고, 대다수 국민들이 이를 잘 인식하고 있지 못하는 것은, 국내외 생수회사들의 과다한 마케팅 등이, 건강한 물을 보다 저렴하고 자유롭게 이용하는 길을 가로막고 있는 것은 아닌지도 면밀히 살펴볼 필요가 있다.

누가 건강한 물을 누려야 하나?

건강한 물을 강조하는 이유는 건강한 물을 필요로 하는 사람, 건강한 물을 누려야 할 사람이 있어서다. 그렇다면 그는 누구인가? 다다익선多多益善, 많으면 많을수록 좋을 것이다. 최대한 많은 이들이 건강한 물의 혜택을 누리도록 하는 것이 맞다. 그러면서도 지금까지 깨끗하고 안전한 물의 혜택을 충분히 누릴 수 없었던 사람들에게 초점을 맞추는 일이 필요하다. 그래야 진정한 물복지를 실현할 수 있고, 건강한 물의 혜택을 '우리 모두'로 확장할 수 있기 때문이다.

이와 함께 형평과 공정, 권리와 의무의 조화, 배려와 상생 등의 실천이 매우 중요하다. 또한, 한정된 재원으로 많은 사람에게 가장 효과적으로 혜택을 줄 수 있어야 한다. 건강한 물의 혜택을 누리는 일이 기본권의 범위에 속하고, 진정한 복지시대의 개막과 지속을 위한 바탕이 되기 때문이다. 이런 모든 면을 고려할 때, 결론은 자연스럽게 수돗물로 귀결된다. 이미 언급한 바와 같이 미네랄 성분이 균형 있게 들어 있고 어떤 물보다 깨끗하고 안전하며, 양이 풍부하고 가격도 가장 저렴한 물이 수돗물인 까닭이다. 시중의 생수와 내용물은 그다지 차이가 나지 않지만 값싸고 구하기 쉬운 물이 바로 수돗물이다. 수도꼭지만 틀면 나오기에 대수롭지 않게 여길 수 있지만, 바로 거기에 답이 있다는 것은 우리에게 더 큰 희망을 준다.

지금까지 물의 혜택에서 소외되어 온 곳을 위해서는, 즉 물복지 실현을 위해서는 수돗물의 역할이 이처럼 중요하다. 이런 점에서 '2013 상수도통계(환경부, 2014)'에 나타난 상수도시설을 통한 우리나라 상수도보급률 95.7%는 수치 이면의 또 다른 실상을 말해 준다. 상수도보급률 95.7%는 나머지 4.3% 약 200만 명의 사람들이 지금껏 수돗물 혜택을 누리지 못하고 있다는 이야기도 된다. 200만 명은 적은 숫자가 아니다. 수적으로도 그렇고 국민정서상으론 숫자 이상의 비중이라고 봐야 한다.

수돗물의 혜택을 받지 못하고 있는 사람들의 대부분은 교통이 불편하고 발전이 더딘 시골의 오지마을이나 바닷가나 섬 지역 등에 살고 있다. 이러한 사실은 이들에 대한 특별한 관심과 함께 물정책에 대한 세심한 고민을 우리 모두에게 요구한다.

아무리 양보해도 물복지 실현을 위한 최선의 답은 수돗물일 수밖에 없다. 객관적, 과학적으로 안전성이 확인된, 몸에 좋은 건강한 물을 값싸고 편리하게 마음껏 마시고 쓸 수 있는 유일한 답이기 때문이다. 필요한 정책의 제시 및 적정수준의 투자가 이루어지도록, 앞선 기술과 서비스를 통해 수돗물이 완전한 신뢰를 줄 수 있도록 우리 모두가 함께 나서야 한다. 더불어 물 소외지역을 없애려는 의지와 노력, 진정한 물복지 실현을 향한 과감하고 굳센 전진이 필요하다.

정수기 임대료와 수도요금을 들여다본다

몸에 좋은 건강한 물의 이용이나 물복지의 실현도 돈과 관련이 없지 않다. 현대생활의 모든 영역이 다 그렇듯이 물 이용에도 많거나 적거나 일정한 비용이나 대가를 지불해야 한다.

좋은 물, 건강한 물을 따질 때 많은 사람이 우선 정수기를 떠올린다. 정수기 관련 기업들의 교묘하고 탁월한 불안마케팅의 영향이 크지만, 수돗물에 대한 막연한 불안감이나 근거 없는 불신도 한몫을 했다. 그렇다고 정수기 이용을 나무라거나 수돗물 이용을 강제하는 등의 방법은 적절치 않다. 과학적인 논의와는 별도로 개인의 선택에 관한 문제이기 때문이다. 다만, 사실에 대한 정확한 이해를 바탕으로 근거 없는 오해나 선입견을 해소하는 일은 다른 문제라고 본다. 비교 및 관찰 등을 통해 올바른 선택에 도움을 줄 수 있기 때문이다. 그중 하나는, 물 사용에 드는 비용을 비교해 보는 것이다.

최근의 정수기 이용은 주로 대여rental 형태가 많다. 구입을 하려면 상당한 비용이 들지만, 빌려 쓰면서 정기적으로 소정의 임대료를 내는 것은 덜 부담스럽다 생각하기 때문이다. 그래도 정수기를 임대하면 보통 한 달에 2~5만 원 정도 임대료를 내야 한다. 수돗물도 공짜는 아니다. 거주하는 지역에 따라 다소 차이는 있지만 4인 가족 기준, 한 달에 2만 원 내외의 수도요금이 나온다. 그러나 정수기를 통한 물 이용량과 수돗물 이용량은 동일한 금액을 기준으로 할 때 수백 배 이상 차이가 나는 만큼 단순한 가격비교로는 대상이 되지 못한다.

그렇다 하더라도 정수기 물과 수돗물 간에 품질 차이가 있는 경우에는 이런 비교 자체가 무의미할 수 있다. 그러나 국내외 연구기관들의 다양한 연구결과는 정수기와 수돗물 간의 품질 차이를 인정하지 않는다. 오히려 일부 정수기는 미네랄 성분까지 걸러내는 문제나 필터 불량 등에 따른 문제로 물 품질을 떨어뜨린다고 지적한다. 특히, 수원지에서 수도꼭지에 이르기까지 물 공급 과정 전반에 걸쳐 스마트한 물 관리가 이루어지는 스마트워터시티에서 공급되는 경우의 수돗물 품질은 세계적이라고 할 수 있다. 소비자들의 현명하고 냉철한 선택이 필요한 대목이다.

정수기를 통과한 물과 수돗물의 수질실태 조사결과

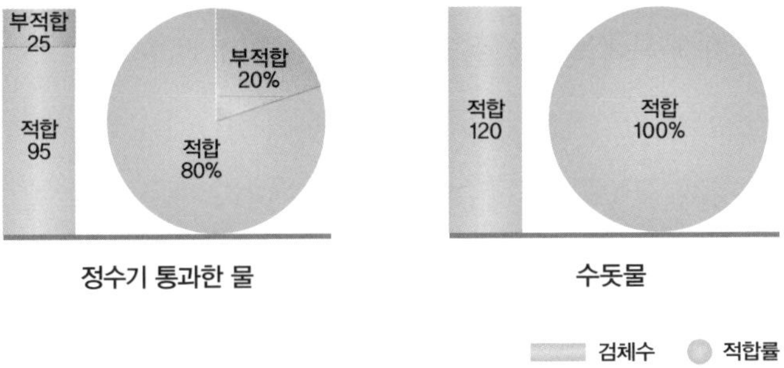

※ 출처 : 녹색소비자연대 녹색식품연구소(현 녹색식품안전연구원), 2011

정수기 물과 수돗물 간에 품질의 차이가 없다면, 그럼에도 불구하고 비용 면에서 현격한 차이가 있다면 이를 바로잡는 것이 옳을 것이다. 녹물 등으로 불신을 초래했던 지난날과는 달리 현재의 물관리 기술은 수돗물의 좋은 품질을 온전한 상태로 각 가정의 수도꼭지에 이르게 하는 데 아무 문제가 없다. 최첨단 정보통신기술ICT을 이용한 SWM(스마트 물관리)의 등장이 대표적인 예다. 이러한 상황을 두루 고려할 때, 보다 많은 이들이 품질은 높고 비용부담은 적은 수돗물을 우선 선택하지 않을 이유는 없어 보인다.

그런데도 대다수의 가정에서 수돗물을 식음료로 상용하기를 꺼리는 이유는 무엇일까? 홍보가 부족해서일까? 국민들이 무관심해서일까? 이렇게 생각하는 것은 행정기관의 독단적인 판단일 것이다. 사실 국민들은 수돗물이 안전하고 식음료로 적절하다고 생각은 하지만, 녹슨 상수관을 거쳐 오면서 불순물이 끼어들지 않았을까 하는 우려를 지우지 못하고 있다. 또한 냄새도 수돗물을 꺼리는 큰 원인이다. 상수관 문제에 대한 충분한 해명과 함께 소독약인 염소성분이 가라앉기를 기다려 마시는 등의 방법을 권할 수는 있지만 이에 대해서는 뒤에 다시 설명하겠다.

소외지역을 배려하는 노력이 필요하다

댐 주변지역 주민들에게 실질적인 도움이 되는 일을 찾아 상류 산간 오지마을을 들른 적이 있다. 뜻밖에도 그곳에서는 수돗물을 사용할 수 없었다. 아예 제대로 된 물 공급 시스템 자체가 구비되어 있지 않았다. 어떤 곳은 아직 우물이나 개울물을 이용하고 있었고, 간혹 간이상수도가 설치돼 있었지만 물이 제대로 나오지 않았다. 댐 저수지에는 물이 가득해도 그 물은 하류지역 사람들에게만 소용이 있었다. 중·상류 어떤 곳은, 가까운 곳에 대구경의 광역상수도 상수관이 지나가는데도 지방상수도가 연결되어 있지 않아 수돗물을 쓰지 못하고 있었다. 한두 마을이 아니었다.

바닷가 오지마을이나 여러 섬지역의 물 사용 환경도 매우 열악하다. 마땅한 수원水源이 없고, 우물이나 지하수를 이용하는 곳도 바닷물 유입에 대비해야 하기 때문에 물 이용에 한계가 있다. 해수담수화 시설은 설치 및 유지관리 비용 때문에 꺼리거나 엄두를 내지 못하고 있다. 비록 수돗물은 나오지만 집 안의 수도시설이 워낙 낡고 오래되어 비위생적인 물을 효율성 없이 쓰는 곳도 있었다. 복지시설도 그렇고 생활형편이 어려운 가정이 많았다. 통계상으론 국민의 약 4%가 조금 넘는 사람들이 아직도 수돗물 공급을 받지 못하고 있었다. 4%, 얼핏 많지 않다고 볼 수 있겠지만 4%면 200만 명이고, 그 200만 명이 제품이나 다른 무엇이 아니라 바로 사람이라는데, 그리고 우리 국민이라는데 생각이 미치면 이는 가볍게 넘어갈 수 없는 문제였다. 전반적인 우리 물 공급과 사용 형태를 볼 때 결코 공평하거나 합리적이지 않은 상황이다.

단지 댐 상류에 있다는 이유로 가뭄 때도 물을 제대로 이용할 수 없다거나, 수질보호 등을 위한 각종 규제를 기꺼이 감내해야 한다면 이는 결코 정당한 일이 아닐 것이다. 다수를 위해 불가피한 손해를 감수해야 한다면, 이에 상응하는 반대급부가 주어져야 하지 않을까. 그리고 그 반대급부는 금전과 재산상의 보상 외에도

행정구역별 상수도 보급수준

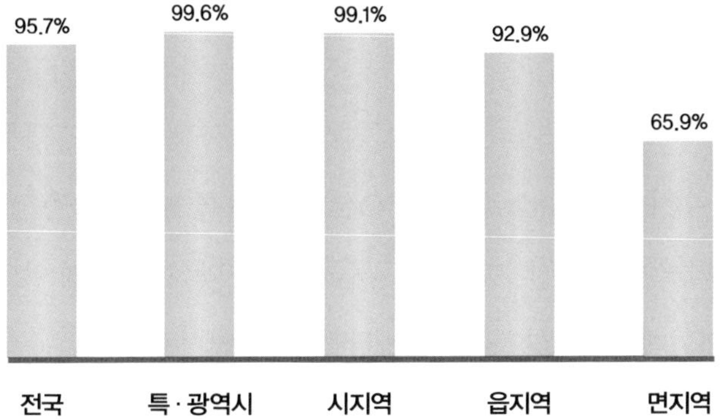

주의 : 마을 상수도 및 소규모 급수시설 이용인구를 포함하지 않은 수치임

※출처 : 2013 상수도통계(환경부, 2014)

인간적인 배려가 들어가야 하지 않을까?

행정기관은 사무만 처리하는 곳이 되어서는 곤란하다. 구덩이를 파고 기름종이를 붙여 얼음을 만들어두었다가 더위를 타는 농민들에게 나눠주었던 다산茶山 정약용의 마음 씀씀이를 떠올리지 않더라도, 그의 『목민심서牧民心書』를 들춰보지 않더라도, 국민의 편에서 국민의 사정과 아픔을 속속들이 헤아리고 이를 바탕으로 실천을 해나가야 진정한 국가행정기관이라 할 수 있을 것이다. 그런 면에서 오지마을을 들른 경험은, 나 또한 소외된 국민의 사정을 얼마나 헤아리고 있는지 스스로 돌아볼 수 있는 귀중한 계기가 되었다.

댐의 경우만 해도, 일본이나 미국 등의 국가들은 다양한 직간접적인 방법으로 상류주민과 상류지역을 돕고 있다. 우리나라도 댐의 전기 및 용수판매대금 일부를 이용한 '댐주변지역지원제도'를 통해 주변지역 주민들을 돕고 있지만 충분치 않다. 하류에서, 상류지역 주민들이 수돗물을 쓸 수 있게 시스템을 마련하고 수도요금을 대신 내주는 등의 방안도 검토해 볼 가치가 있다고 본다.

한국수자원공사(K-water) CEO로 있으면서 2014년, 충청남도와 '물 소외지역 광역상수도 직접공급협약'을 맺고, 지방상수도 관로가 연결되어 있지 않은 천안시 광덕면, 당진시 정미면, 홍성군 구항면 등에 광역상수도 수돗물을 직접 공급하는 사업을 시작했다. 한국수자원공사(K-water)에서 관로설치, 수돗물 공급 등을 맡고 충청남도와 해당 시, 군에서 행정, 재정적 지원 등을 맡았다. 주민과 지자체의 반응이 매우 컸다. 이 사업은 금세 강원, 충북, 전남 등의 물 소외지역으로 퍼져 나갔다.

물관리 전문기관의 전문성과 특성을 살린 한국수자원공사(K-water)의 '행복가득 水 프로그램'은 경제적으로 어려운 가정의 노후수도관 등 물 사용 환경을 개선하는 일이다. 물 환경 취약계층 선별, 시너지 효과 등의 효율을 높이기 위해 이 분야에 전문성이 높은 '사회복지공동모금회'와 협력해 실효성을 높인 점이 특색이다. 우리가 조금만 신경을 쓰면 어려운 사람들에게 실질적인 혜택을 줄 수 있다는 것을 다시금 깨달을 수 있었다.

이밖에 소규모 수도시설 관리체계 개선, 군부대 급수시설 개선, 해안 도서지역 해수담수화시설 운영, 지하수 이용 학교 급식용수 지원, 재난지역 비상식수 공급도 소외지역 물복지 실현과 관련이 깊다. 물복지는 결국, 물 공급과 하천관리에 좌우될 수밖에 없다. 국가와 공공부문의 역할이 중요하지만, 소외지역에 대한 국민적 배려 없이는 실현이 어렵다. 시내와 강으로 흘러 끝내는 바다에 이르는 모든 흐름의 시작도 물방울에서 출발한다. 마음을 모아 실천해 나갈 때, 물복지 실현의 날은 더욱 가까워지리라.

복지시대의 눈으로 물을 바라보다

한 사회가 행복한 삶이나 주택, 교통, 환경, 부富 등의 생활 전반에 대해 가지는 시각이나 믿음, 가치는 각종 정책의 수립과정에서 핵심적인 기준이 된다. 또한, 다양한 욕구를 충족시키기 위한 서비스를 개발해서 제공하고, 평가하는 데 있어서도 똑같은 구실을 한다. 따라서 복지 실현의 첫 걸음은, 우리 사회가 세상과 사물을 어떻게 보고 있는가에서 시작하는 것이 옳을 것이다. 세상과 사물을 보는 눈은 사람이나 지역, 각자가 처한 상황 등에 따라 다르기 마련이다. 그리고 이러한 시각 차이는 필연적으로 단절, 갈등, 다툼의 원인이 된다. 물론, 창조 및 혁신의 새로운 출발점이 되는 경우도 있지만 이는 드문 일이다. 따라서 무엇보다 갈등과 다툼 등을 미리 막거나 빨리 없애는 일이 중요하다. 현실세계에서 갈등과 분쟁의 대부분은 대화, 타협, 협상, 양보, 교환 등의 정치적 과정이나, 힘겨루기를 통해 해결된다. 이런 방법은 해결에 이르기까지 많은 비용과 오랜 시간이 소요된다. 그러고도 갈등과 분쟁의 재발을 막기 어렵다. 작은 불씨만으로 언제든 되살아날 수 있기 때문이다. 보다 근본적인 대책이 필요한 이유다. 가장 좋은 해결방안은 서로의 시각이 같아지도록 중지衆智를 모으거나, 시각의 차이를 최대한 줄이는 것이다.

가정용 평균 수도요금(㎥당)

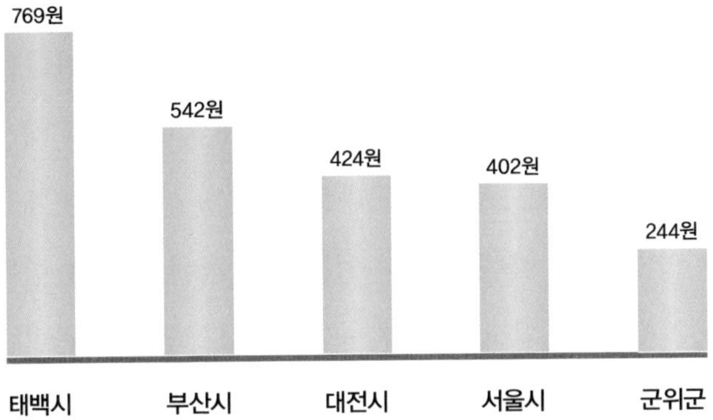

※출처 : 2013 상수도통계(환경부, 2014)

보편적 복지와 선택적 복지를 둘러싼 논란이 있다. 이 중 한쪽 견해만 지지할 생각은 없다. 오늘날 사람들에게 주거, 교통, 생활, 문화 등 먹고사는 일에서부터 놀고 즐기는 일까지 중요하지 않은 영역은 없다. 시혜적 차원의 접근이 특별히 잘못된 것도 아니고, 우선순위를 따지기도 쉽지만은 않다. 다만 물에 대해서라면, 물복지만은 어려운 사람들을 돕는다는 시혜적인 관점에서 접근할 일은 아니라고 본다. 건강한 물의 자유롭고 넉넉한 이용이 기본권의 차원에 속하기 때문이다. 이 기본권은 침해될 수 없는 것이기에 권리가 있고, 이 권리를 지켜줄 의무가 우리에겐 있다고 본다.

물 공급 시스템 구축에는 많은 비용이 든다. 그렇지만 그 누구도 물 없이 살 수 없다면, 돈이 있건 없건, 사는 곳이 서울이건 시골이건 모두가 좋은 물을 마실 권리가 있다. 비용에 비해 수혜자가 적다는 등의 이유로 물복지 실현을 미루는 것은 공정, 형평, 조화, 상생 등의 모든 면에서 옳지 않다. 바람직하지도 않다. 우리 국민 모두는 나와 똑같이 건강한 물의 혜택을 누려야 한다는 신념이 필요하다. 이것은 요청사항에 그쳐선 안 된다. '누가 대신 해주겠지.' 하는 생각에 그쳐서도 곤란하다. 물론 사회 곳곳에 어려운 분들이 많지만, 물 불행에 빠져 있는 사람들에 대한 관심이 후순위로 밀려서는 안 되리라 본다. 누가 뭐래도 생명과 관련된 일이 아닌가.

물복지는 국민 모두가 누려야 할 기본 복지다

물복지는 '인간의 건강한 생존에 필요한 물 서비스를 충분하게 모든 국민에게 제공하여 공평하게 행복을 누릴 수 있게 하는 것'을 말한다. 그 정도로 물과 행복한 삶은 떼려야 뗄 수 없는 관계를 맺고 있다. 그렇지만 보육, 급식, 교육과 관련한 복지문제는 아는 이가 많아도 물복지는 낯설어한다. 일상생활에서 물로 인한 어려움이나 고통을 체감할 일이 많지 않기 때문이다. 그러나 아직도, 깨끗하고 안전하며 몸에 좋은 물을 자유롭고 편리하게 사용할 수 없는 사람이 우리 주위에는 적지 않다는 사실을 잊으면 안 된다.

우리 물관리 패러다임은 깨끗한 물(Clean water), 지속 가능한 개발(Sustainable development), 세계적인 물 위기(World water crisis), 물 안보(Water security)를 중심으로 바뀌어 왔다. 그리고 지난 수십 년 동안의 집중적인 노력은 물 공급 안정성 측면에서 큰 성과를 거두었다. 그런데도 국민의 4~5%는 아직도 깨끗한 물의 안전한 이용에 어려움을 겪어야 한다. 물 수요 측면, 물 재난에 대한 안정성 측면에서 소외된 곳이 많다. 공평성Equity과 물복지Water welfare 차원에서 문제가 아닐 수 없다. 아울러서, 모든 국민들이 함께 좋은 물을 먹어야 한다면 이를 성취하기 위한 노력이 반드시 필요하다. 앞에서 언급한 바와 같이, 함께 물복지를 누릴 수 있는 수단이 수돗물이라면 이를 잘 계획하고 관리하여 우수한 품질을 만드는 작업이야말로 그 무엇보다 우선되어야 하는 것이다.

한국수자원공사(K-water) CEO로 취임하면서, 이와 같은 우수한 품질, 믿고 언제나 마실 수 있는 수돗물을 생산하고, 수도꼭지에 이르기까지 믿을 수 있는 패러다임 변화를 추구한 결과, 시범사업지역인 파주시의 경우 사업실시 전 직접음용률이 1%에 불구하던 것이 사업실시 후인 2014년에 19%로 증가하였고, 2015년에는 25%까지 증가한 사실은 매우 시사하는 바가 크다. 원수에서부터 수도꼭지까지, 원하는 모든 곳의 물 정보를 SNS와 아파트 단지 내 설치된 전광판을 통하여 공개했고, 워터닥터, 워터코디를 운영하면서 끊임없이 주민들과도 접촉한 결과였다. 물론, 염소냄새에 대한 불만, 물탱크에 대한 우려, 옥내 배관 등에 대한 우려, 녹슨 노후관에 대한 우려 등을 해소하기 위한 신기술도 적용한 결과였다. 시범사업지역인 파주시를 기준으로 할 때 현재의 물공급 비용의 10~15% 정도만 더 들이면, 이와 같은 완벽에 가까운 믿을 수 있는 수돗물공급과 수도꼭지를 통한 음용이 가능하다. 우리는 낮은 품질의 수질이 공급되는 경우에 대한 우려를 불식시키기 위하여 수돗물 품질에 대한 보험을 들기도 하였다.

계층 간에 물 격차가 존재하는 현실은 당연히 개선해야 한다. 재해로부터 안전한 환경, 쾌적한 물 사용 환경, 쉽고 편리하게 즐기며 쉴 수 있는 하천환경도 공평하게 제공되어야 한다. 모든 복지가 그렇듯 물복지 또한 사회공동의 참여와 노력, 협력이 바탕이 될 때 실현 가능하다. 물복지는 특별한 것이 아니다. 물로 인한 어려움이나 위기를 찾아 빠르게 대처할 수 있도록 효율적인 규범과 시스템을 갖추고 이를 달성하기 위하여 마음을 함께하면 된다. 사회 그리고 공동체에 대한 확고한 믿음을 갖고, 모두가 쾌적하고 행복한 삶을 영위할 수 있도록 물복지 실현에 더욱 관심과 노력을 더할 때라고 생각한다. 그래야만 물복지가 이 땅의 구석구석까지 실현되는 모습을 우리 눈으로 확인하는 날이 하루라도 앞당겨질 것이다.

물 쉼터

물방울의 음색을 탐구한 작품,
조지 브레히트의 드립 뮤직Drip Music

1959년, 플럭서스Fluxus의 멤버인 조지 브레히트George Brecht는 〈드립 뮤직Drip Music〉이라는 제목의 작품을 선보인다. 말 그대로 물방울drip을 이용한 음악 작품으로, 하나의 용기에 물을 붓는 방식과 시간을 달리하여 다양한 물방울의 음색을 연출했다. 음을 발산하는 방식에 집중한 작품으로, 소리의 형태를 탐구하기 위해 시도되었다.

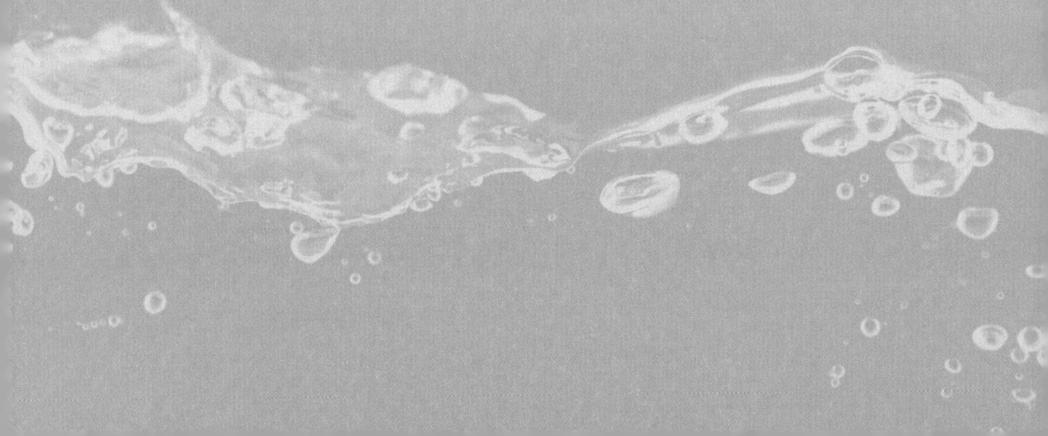

7장

진정한 물복지 사회를 기대한다

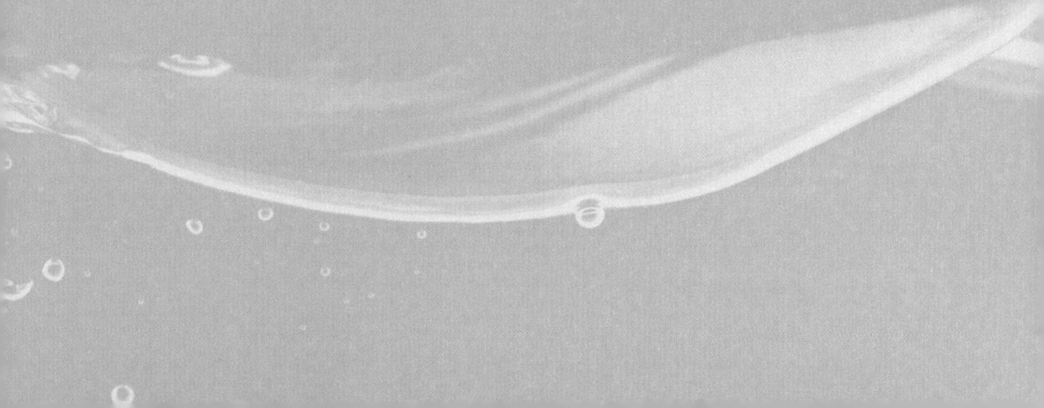

• 최근 들어 점차 많은 사람들이 물복지를 주목하는데다, 나 자신 국민 물복지 실현에 앞장서는 자리에 있으면서, '진정한 물복지란 무엇인가'를 자주 생각하게 된다. 지금의 여러 노력과 진행방향이 맞는지 확인하기 위해서다. 또 잘못된 부분이나 고쳐야 할 점이 있으면, 옳은 쪽으로 빨리 바로잡기 위해서다.

물복지를 한마디로 정의하기는 어렵다. 공급자나 수요자의 상황이나 여건에 따라서 다양한 해석이 가능할 것이다. 필자는 실질적인 물복지 실현에 바탕이 될 수 있는 기본정신을 먼저 생각했다. 그렇게 얻은 결론은, 국민 모두가 몸에 좋은 건강한 물을 편리하고 넉넉하게 고루 쓸 수 있는 길이 있다면 지역과 비용, 효율성 등을 탓하거나 변명하지 않고 적극적으로 도와주는 것이었다.

좋은 물, 건강한 물을 찾는 것은 인간의 기본욕구다

인간은 누구나 '맑고 깨끗한 물, 몸에 좋은 건강한 물, 맛있는 물'을 마시고 싶은 욕구를 가지고 있다. 건강하고 행복하게 오래

살기 위해서는 이러한 물이 필수적인 까닭이다. 이런 욕구를 충족시켜 줄 책임은 정부와 사회에 있다. 겉으로 봐서는 우리 사회가 어느 정도 물복지를 이루어낸 것처럼 보일 수도 있다. 수돗물 공급시설을 비롯한 물 인프라를 상당한 수준까지 이루어냈기 때문이다. 실상은 그렇지 않다. 아직 국민 물복지와는 거리가 있다.

가장 큰 이유는 물 공급자와 수요자 간의 신뢰가 깊지 못한 데 있다. 무엇보다 국민들이 수돗물을 신뢰하지 않고 있다. 많은 사람들이 고루 물을 나눠 쓰려면 막대한 비용을 들여 시설을 설치하고 시스템을 구축해야 한다. 그러나 사람들은 수돗물 대신 정수기나 생수에 눈길을 돌린다. 만인의 물을 위한 비용부담을 꺼리고, 물 이용의 형평성에 일부 문제가 있어도 그것을 '나의 일이 아닌 너의 일'로만 여긴다. 이와 관련한 얘기는 뒤에서 다시 논하기로 한다.

좋은 물이란 무엇일까? 정의하긴 쉽지 않지만, '몸에 해로운 물질이 없고 미네랄이 균형 있게 들어 있어 인체와 조화를 이루는 물'이 이에 해당하는 것만은 확실하다. 특히 칼슘, 마그네슘, 아연, 칼륨 등의 미네랄이 균형 있게 들어 있어야 한다. 인체 세포의 삼투압 조절을 위해서는 적정량의 무기물질이 꼭 필요해서이다. 산소가 충분히 녹아 있고 경도도 적합해야 한다. 예전 사대부가에서 물을 맛에 따라 각기 다른 독에 담아두고 용도별로 사용했다는 기록을 통해서도 좋은 물, 건강한 물에 대한 사람들의 오랜 욕구를 엿볼 수 있다. 기록에 따르면 입춘 날에 받은 입춘수立春水는 아들을 낳게 한다고 하여 부부가 잠자기 전에 마셨고, 입동立冬 열흘 뒤 내리는 입우수立雨水와 자른 대나무 속에 고인 반천하수半天河水는 약 달이는 물로 썼다. 가을에 내린 이슬을 모은 추로수秋露水는 낯빛을 좋게 하거나 눈을 밝게 하는 용도로 썼다. 필요나 용도에 따라 좋은 물을 찾는 것은 오늘날도 같다. 건강을 위해, 다이어트를 위해, 차를 맛있게 끓이기 위해 다양한 물을 찾는 것이다.

건강한 먹는 물의 미네랄 함량 기준

항목	권고 범위	항목	권고 범위	항목	권고 범위
Ca	3.25 ~ 120 mg/L	Mg	0.75 ~ 17.5 mg/L	F	0 ~ 0.5 mg/L
P	3 ~ 175 mg/L	Fe	0.04 ~ 0.3 mg/L	Mn	0 ~ 0.05 mg/L
Na	0 ~ 100 mg/L	Zn	0.025 ~ 1.75 mg/L	Se	0.0015 ~ 0.01 mg/L
K	0 ~ 175 mg/L	Cu	0.00215 ~ 0.5 mg/L	Mo	0 ~ 0.03 mg/L

※ 출처 : 수돗물이 국민 건강에 미치는 영향 연구(2014, 한국수자원공사)
※ 미네랄 권고범위는 물 섭취량 변화를 고려한 임상실험 필요(현재 연구 중)

물론, 이러한 구별이나 바람이 충분한 과학적 근거가 있는지 여부는 별개의 문제다. 중요한 것은 좋은 물에 대한 욕구가 과거, 현재를 막론하고 엄연히 존재하며 그 욕구는 갈수록 커져가고 있다는 사실이다. 좋은 물, 건강한 물에 대한 욕구를 충족시키는 일은 아무리 강조해도 지나침이 없다. 물을 충분히 쓸 수 없거나 좋은 물을 마시지 못하는데도 행복하다고 느낄 수 있을까? 다른 모든 것이 풍족하더라도 물 하나로 불행해질 수 있는 게 인간이라는 점에 주목해야 될 것이다.

이와 더불어 행복의 단계에 대해서도 생각해 볼 필요가 있다. 집이나 식사나 물 등 기본적 욕구가 충족되었을 때 비로소 사회적 욕구의 충족을 추구하게 될 것이고, 그런 후에야 보다 충만한 행복에 더욱 가까워질 수 있지 않겠는가.

이제 시야를 좀 더 넓혀보자. 우리나라의 수돗물은 주로 대도시를 중심으로 발전되어 왔다. 따라서 도시 거주자들이 먼저 물에 관한 혜택을 받았고, 도시에서 멀리 떨어진 농촌지역이나 섬지역에서는 이와 같은 혜택을 상대적으로 적게 받고 있다. 그러나 농촌지역이나 섬지역에 거주하는 국민들도 도시에 사는 사람들과 동등하게 좋은 물, 건강한 물을 찾는 욕구는 동일하다고 할 수 있다. 아울러 상류에서 깨끗한 물을 취수하여 수돗물을 공급받는 사람들 못지않게, 하류에 거주할 수밖에 없는 사람들도 깨끗한 물, 건강한 물을 공급받고자 하는 욕망은 동일할 수밖에 없다. 여기에서 우리는 거주하는 위치에 상관없이, 성별에 상관없이, 모두가 좋은 물을 공급받고 싶다는 욕망은 이제 기본욕구가 될 수밖에 없다는 것을 인식해야만 한다. 아울러 이를 달성하기 위하여 서로를 배려하고 양보하고 협력해 나가는 자세야말로 우리 모두의 의무로 받아들여야 한다고 나는 굳게 믿고 있다.

수돗물을 통한 좋은 물 공급이 물복지 실현의 지름길이다

수돗물, 상수도를 통한 물 공급은 인류역사에서 가장 획기적인 발명품 가운데 하나다. 매우 저렴한 가격으로, 모든 사람들에게,

골고루 좋은 물을 공급할 수 있기 때문이다. 영국 의학전문지 『브리티시 메디컬 저널BMJ』은 위생적인 수돗물의 공급을 '1840년 이래 인류의 건강을 획기적으로 개선한 현대 의학계의 가장 큰 성과'로 꼽고 있다. 상수도의 보급으로 콜레라나 이질 등 수인성 전염병을 예방함으로써 인간의 수명이 약 30년 늘어났다는 것이다. 세계보건기구WHO도 안전한 식수와 개인위생 향상을 통해 질병 발생의 위험을 약 9% 낮추고, 약 6%의 죽음을 예방할 수 있었다고 평가한다. 미국공학한림원에서 20세기 인류의 삶의 질 향상에 기여한 "가장 위대한 기술업적 20선"에도 상수도(Water Supply and Distribution)가 들어 있다.

우리나라의 상수도 보급률은 95.7%(2013년 기준, 2014년 환경부 자료)다. 서울을 비롯한 대도시는 100% 가까이 수돗물이 공급되고 있지만 충남북, 전남, 강원 등 산간오지나 해안도서지역 보급률은 낮은 편이다. 수돗물 수질은 매우 좋은 편이다. UN의 국가별 수질순위 자료에 따르면 우리 수돗물 수질은 세계 8위다. 프랑스(10위), 미국(12위)보다 앞선다. 과학적 정수체계와 철저한 수질관리와 같은 우수한 시스템 덕분이다. 그러나 수돗물 음용률은 상당히 낮은 편이다. 수돗물은 직접 음용할 수 없다는 막연한 오해와 가끔씩 보도되는 열악한 지방자치단체의 노후관 관련 보도나 근거 없는 불신의 영향이 크다.

수돗물은 물복지 실현을 위한 가장 좋은 해답이 된다. 수돗물을 통한 물 공급이 다른 어떤 방식보다 유리하고 많은 장점을 갖고 있기 때문이다. 수돗물은 동시에, 가장 많은 사람들에게, 가장 안정적으로 물을 공급할 수 있다. 어떤 다른 물보다 깨끗하고 안전하며 품질 전반이 우수하다. 건강에 유익한 각종 미네랄 성분이 균형 있게 들어 있다. 구입을 위해서 드는 비용이 매우 저렴하다. 생수와 비교하면 몇 백 분의 일 정도에 불과하다. 염소소독 냄새 때문에 맛이 없다는 평가가 많지만, 일정시간 보관했다가 마시면 어느 물에 견주어도 맛이 뒤처지지 않으며, 최근 수돗물 공급 패러다임 변화에 맞춰 이뤄지는 스마트워터시티Smart Water City 사업을 통하면 더 이상 염소냄새가 주민들에게 느껴지지 않는다.

특히, 다목적댐이나 광역상수도 등 이미 구축되어 있는 물 인프라와 첨단 정보통신기술ICT을 적용한 스마트 물관리 기술을 활용하면 물복지 실현을 한층 앞당길 수 있다. 미급수지역 광역상수도 직접 공급, 소규모 수도시설 관리체계 개선, 군부대 급수시설 개선, 도서산간지역 지하수 확보시설 설치 등의 사업을 지속적으로 추진하면서, 수량과 수질 및 재해 취약지역에 대한 보편적 물 서비스 제공 등을 통하여 수돗물을 충분히 공급하여 이른바 국민 물복지 실현의 완성을 가져오는 것이 꼭 필요한 때가 아닌가 생각된다.

신뢰를 얻지 못하면 실패한다

무신불립無信不立, 어떠한 정책이나 사업도 국민적 신뢰 없이는 바로 설 수도, 실효성을 가지기도 어렵다. 물복지를 실현하기 위해서 가장 필요한 것도 신뢰다. 물복지 실현을 위한 최선의 답이 수돗물이라는 데 많은 국민이 동의하는바, 수돗물 공급을 통해 물복지를 실현하려면 '수돗물에 대한 확고한 믿음'이라는 바탕부터 먼저 세워야 한다.

그러나 현실은 어떠한가? 수돗물에 대한 사람들의 믿음은 그리 크지 않다. 아예 믿지 않는 사람들이 더 많을지도 모른다.

수돗물을 못 믿는 이유에는 여러 가지가 있다. 계속되는 수질오염, 소독냄새, 녹물 등은 사람들로 하여금 왠지 수돗물을 미덥지 않게 한다. 여기에 정수기 회사, 먹는 샘물 회사 등 민간기업의 마케팅도 한몫을 했다. 가장 가까이 지내야 할 수돗물을 거리낌과 두려움의 대상으로 만들었다고나 할까. 이는 수돗물이 물복지 실현에 답이라는 것을 알면서도 공급자와 국민 간에 제대로 된 신뢰가 없기 때문이다. 이제 수돗물이 제대로 인식받기 위해서는 신뢰 회복을 어떻게 해나갈 것인가를 먼저 생각해야 한다. 그래야만 여러 상황이 닥쳤을 때도 굳은 믿음 속에서 제기된 문제를 하나하나 해결해 나갈 수 있기 때문이다.

이를 위해서는 무엇보다도 정확한 정보를 모두에게 거짓 없이 공개하는 것이 우선되어야 한다. 수돗물 공급자가 제시하는 자료는 언제든지 믿을 수 있다는 신뢰가 형성된 이후에는, '마음껏 드세요. 또는, 드시면 안 됩니다.'라는 수돗물 공급자의 안내에 따라 그대로 받아들이기만 하면 아무 문제가 없기 때문이다. 우리가 외국을 여행할 때 여행 안내자의 안내에 따라, 어느 곳에서는 '화장실 세면대에서 나오는 수돗물은 마셔도 됩니다.'라고 하거나 '수돗물을 드시면 안 됩니다.'라는 안내에 따라 병물을 사기도 하고, 아니면 병물 준비 없이 숙소에 들어가기도 하는 것과 동일하다. 아울러 수돗물 공급자는 수돗물 공급시설을 한 치도 문제가 없게 관리에 철저를 기하고, 또한 새로운 기술개발과 이의 완벽한 적용을 위하여 최선을 다해 나감으로써, 국민들이 자연스럽게 신뢰가 늘어나도록 하는 것도 또 다른 중요한 한 축이 된다는 것을 반드시 염두에 두어야 한다.

만연된 수돗물 불신

우리나라 수돗물의 우수성은 세계적으로 널리 인정받고 있다. 그리고 일부 산간 오지나 해안도서지역을 제외한 대부분의 지역에는 수돗물이 공급된다. 그런데도 수돗물을 직접 먹는 물로 쓰는 이는, 근래 들어 수돗물 음용률이 56%까지 치솟은 미국은 차치하고 OECD 국가 중에서도 가장 낮은, 전체 국민의 약 5% 정도로 알려져 있다. 많은 국민이 들이지 않아도 될 돈을 추가로 부담하면서까지 수돗물 대신 생수나 정수기 물을 식수로 사용하고 있는 것이다.

수돗물 음용을 꺼리는 데는 심리적 요인도 크게 작용하고 있다. 낡은 수도관이나 물탱크에 문제가 있을 것 같아, 상수원이 오염된 것 같아 등 막연한 불안감이 그 예다. 언론의 수돗물에 대한 부정적 보도도 원인의 하나다. 수돗물에 대한 올바른 정보가 없는 상태에서 '주변에 마시는 이가 없으니 나도 수돗물을 안 마신다.'는 식이다. 직접적 원인도 있다. 녹물 등의 이물질이나 소독냄새 때문에, 물맛이 없어서, 정수기 물이 믿음이 가서 등의 이유로 수돗물을 꺼리는 사람도 적지 않다. 수돗물의 소독냄새는 염소가 주원인이다. 수돗물을 위생적인 상태로 유지하는 데 쓰는 가장 보편적인 약품인 염소는 살균, 표백 능력이 매우 뛰어나다, 가격이 싸고 멸균력이 강해 각종 수인성 전염병을 예방할 수 있다. 문제는 냄새다. 그러나 끓여서 마시거나 미리 받아두었다 마시면 염소 냄새는 없어진다. 염소소독이 WHO 등의 수질기준에 합당한 미량의 소독 부산물을 만들기도 하나, 끓여 마시면 거의 없어진다. 끓여 마셔도 대부분의 미네랄은 남아 있으니 다른 우려는 하지 않아도 된다.

수돗물 불신은 경제적으로도 큰 낭비를 불러온다. 생수나 정수기의 구입을 위해 불필요한 비용이 지출된다. PET병 제조에 자원이 낭비되고, 처리를 위한 환경비용도 발생한다. 이런 비용이 연간 2조 원을 넘는다는 분석이 있다. 무엇보다 PET병이 분해되려면 100년도 더 걸린다니 우리가 마신 생수병은 우리 생전에는 그대로 남아 있는 셈이다. 이를 방지하기 위해서는 공급자가 더욱 만

각국 수돗물 직접 음용률

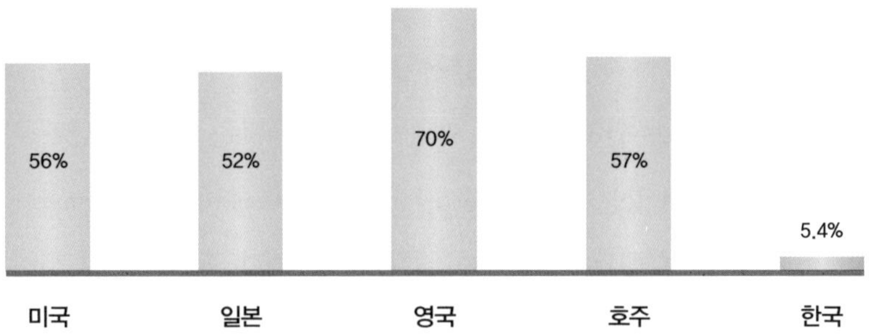

※ 출처 : 수돗물 만족도 조사(수돗물 홍보협의회, 2013)
※ 참고 : 파주 SWC 시범사업 직접 음용률24.5%(2015. 11 기준)

우리나라 먹는 물의 음용 형태

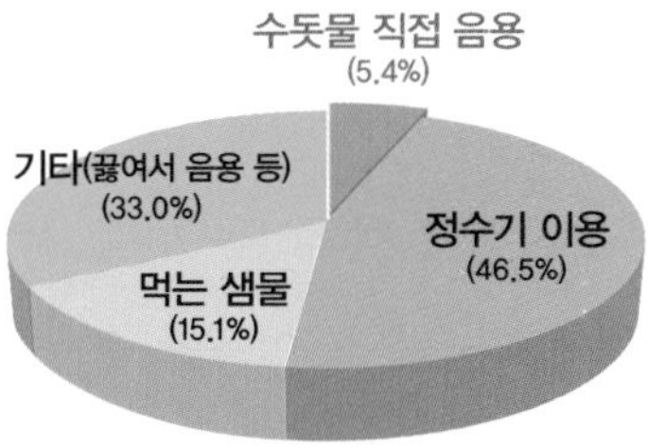

수돗물 미음용 사유

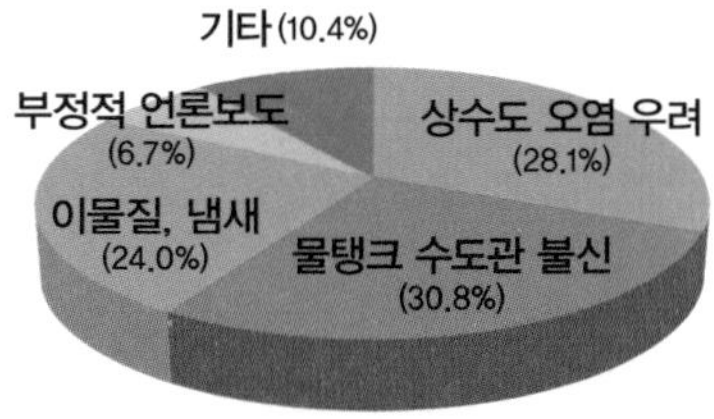

※ 출처 : 수돗물 만족도 조사(수돗물 홍보협의회, 2013)

족할 만한 수돗물, 안전하고 맛도 좋은 수돗물을 만들어야 한다. 사람들이 입으로, 눈으로, 몸으로 수돗물의 안전성과 품질을 확인하고 믿게 만드는 노력을 더욱 힘 있게 전개해야 한다.

공급자의 하소연

오늘날 제품, 용역, 서비스 등은 모두 수요자를 중심으로 이루어진다. 소비자는 단지 가격이 싸고 품질이 좋다는 이유만으로 구매, 이용하지는 않는다. CRM(Customer Relationship Management), 고객관계관리가 대두한 것도 이 때문이다. 재화, 용역, 상품, 서비스 등을 판매하려면 고객의 관심과 원하는 바를 파악해 적기에 적절히 대처해야만 한다. 수돗물 역시 이러한 시대변화에 맞춰 공급해야 하겠으나, 일반적인 재화나 용역과는 일정한 구별이 필요하다. 국민의 행복한 삶을 뒷받침하는 기본권적 차원에서 저렴하게, 고루 공급되는 측면을 무시할 수 없기 때문이다. 이런 이유로 수돗물 공급에는 많은 어려움이 따른다.

갈수록 높아져가는 국민적 요구에 부응하기 위해서는 한층 품질 좋은 건강한 수돗물을 보다 편리하고 자유롭게 이용할 수 있도록 각종 물관리 시스템을 꾸준히 확충, 개선해야 한다. 그리고 이 일에는 지속적인 대규모 투자가 필수적이다. 노후관로 개량, 관망 복선화, 수질 분석 및 관리 기술 함양 등이 예다. 그러나 이런 사업들은 기본적으로 수익과는 무관한 사업이다. 국고지원의 상향이나 물값 현실화를 통하여 필요한 재원을 마련하여야 하나 정치적 고려, 물가안정, 경기부양 등과 얽혀 있어 실제 진척은 더디고 어렵다.

더구나 여러 어려움을 이기고 수돗물의 품질을 향상시켰음에도 수돗물 음용률이 높아지지 않는 현실은 더 큰 문제다. 품질향상을 위해 투자를 하고, 그래도 의심을 버리지 못하는 사람들은 음용을 꺼리고, 공급자는 신뢰향상을 위해 다시 투자를 늘리는 일이 되풀이되고 있다. 실제 한국수자원공사(K-water)와 전국 지자체의 상수도 담당공무원 가운데는 이런 어려움을 하소연하는 이들이 많다. '최신기술, 시설투자, 깊은 정성 등을 버무려 어디에 내놔도 부끄럽지 않은 좋은 수돗물을 만들어도 도무지 시민들이 인정해 주지를 않는다. 아쉽고 힘들다.'라고 말한다. 이러한 수돗물 불신은 사회적 비용의 증가를 부른다. 생수구입 등에 꼭 쓰지 않아도 될 2조 원 이상의 비용을 해마다 지출하고 있지 않는가. 더 많은 이들이 수돗물을 믿고 또한 꾸준히 품질을 유지하기 위한 투자와 관리를 해나간다면, 더욱 건강하고 품질 높은 수돗물을 유지하고 더 나아가 미래지향적인 생산적 투자로 이어질 수 있다.

이제 소비자들이 공급자들의 하소연을 듣고 서로 어떻게 접점을 찾아나갈까 하는 배려가 필요하다. 아울러 좀 더 나은 품질의 수돗물을 만들고자 노력하는 공급자를 구별하고 이를 격려하며, 부족한 공급자가 빠르게 앞서가는 공급자를 따라갈 수 있는 제도도 만들어주어야 한다. 특히 정치권이나 정책입안자들이 이와 같은 사실을 충분히 이해할 수 있도록 하는 것도 매우 중요하다. 이를 위해서는 좋은 수돗물에 대한 국민적 관심이 가장 중요하다는 것을 아무리 강조해도 지나치지 않다.

소비자의 냉랭함

수돗물에 대한 소비자들의 반응은 대단히 냉랭하다. 다른 어떤 분야의 소비자보다 심한 편이다. 수돗물이라면 일단 수질에 대한 믿음과는 거리를 두기 일쑤다. 거의 무조건에 가까울 정도로 수돗물을 불신한다. 정부, 지자체, 물 관리기관이 각종 투자와 지속적인 홍보를 하고 있고 세계가 인정할 만한 품질향상을 이루었음에도 수돗물을 믿지 못한다.

무엇 때문일까? 수돗물의 품질향상을 체감하지 못하고 있고, 수돗물 품질에 대한 흥미도 크지 않기 때문이다. 한마디로 '수돗물은 그저 수돗물일 뿐'으로 생각한다는 얘기다. 수돗물을 '먹는 물, 마시는 물'로 생각하기보다는, 화장실이나 주방 등에서 사용하는 '허드렛물'로 여기기 십상이기 때문이다. 이와 같은 소비자의 냉랭함을 바꾸지 않고는 좋은 수돗물 정책을 펼 수 없다. 이제는 소비자들을 감동시켜야 한다.

수돗물이 지난날보다 얼마나 좋아졌는지 느낄 수 있게 만들어야 한다. 품질향상 체감의 지름길은 변화를 눈으로 확인할 수 있게 하는 것이다. 여기에 흥미 유발 요소가 더해지면 더욱 좋다. 문제는 품질이 좋아져도 수돗물은 여전히 똑같은 수도꼭지에서 색깔이나 냄새 등이 달라지지도 않은 상태로 그냥 흐른다는 점이다. 블라인드 테스트처럼 정색을 하고 체험할 수 있는 기회라도 주어지면 좋겠지만, 보통사람들이 일상생활 속에서 그런 기회를 갖기는 쉽지 않다.

여기에 정수기나 생수(먹는 샘물)를 생산, 판매하는 회사들의 마케팅도 한몫 거든다. 때로는 공포를 조장하고 우수성 등을 과장해서 강조하는 그들의 마케팅에 익숙해진 이들은, '행주는 빨아도 행주'이듯이 '수돗물은 아무리 품질을 높여도 수돗물일 뿐'이라고 생각한다. 정수기를 렌탈하거나 각종 생수를 구입하는 데 드는 비용을 심각하게 생각해 보지 않는 것도 수돗물에 대한 흥미를 감소시키는 요인으로 작용한다.

두 가지 측면의 접근이 필요하다. 수질에 대한 신뢰도와 더불어 실제 수돗물에 대한 만족도를 함께 높여야 한다. 수질 신뢰도란 상수원, 원수 여과, 정수처리, 급배수관의 위생 등에 대한 믿음을 높이는 것을 말한다. 수돗물 만족도란 수도꼭지 물에서 냄새를 못 느끼고 이물질을 발견할 수 없게 하는 것을 말한다. 정수장 운영실태 등을 살필 수 있는 프로그램을 개발해 학생과 시민의 참여를 늘리고, 수돗물 시민평가단이나 수돗물 음용 아파트를 운영하는 등의 시민 밀착형 노력이 필요하다. 무엇보다도 수돗물에 대해 시민이 알고 싶어 하는 모든 정보를 시민이 알도록 하는 방법을 찾아야 한다. 그래야만 소비자의 냉랭함이 점차 따뜻함으로 바뀔 것이다.

스마트워터시티SWC의 출발과 신뢰 형성

수돗물에 대한 신뢰를 높이기 위해 가장 중요한 것은 국민과 소비자가 무엇을 원하는지를 파악해 이에 부응하는 일이다. 수돗물에 관한 모든 것을 보여주고, 수돗물이 믿을 수 있는 물인지 아닌지를 수요자 스스로 확인해 결정토록 하는 것이다. 오늘날 대부분의 사람들은 수질기준 적합 여부를 넘어 '몸에 좋은 건강한 수돗물'을 바란다. 따라서 수돗물 정책의 중심을 '몸에 좋은 건강한 수돗물 공급'에 두고, 수돗물의 생산에서부터 수도꼭지에 이르는 전 과정을 철저히 관리해야 한다. 아울러 이 모든 과정을 원하는 사람은 누구라도 실시간으로 직접 확인할 수 있게 해야 한다. 그래야 땅에 떨어지다시피 낮아진 수돗물의 신뢰를 회복할 수 있다.

한국수자원공사(K-water)가 파주시 등에서 도입, 적용하고 있는 '스마트워터시티(Smart Water City : SWC) 사업'은 하나의 모범답안이 될 수 있다. SWC란 도시의 전체 지역에 건강한 물을 공급하는 완벽한 체계를 의미한다. 수원지에서부터 각 가정의 수도꼭지에 이르는 물 공급 전 과정을 관리한다. ICT를 활용한 첨단 주입설비로 염소농도를 적정수준으로 유지하는 등 다양한 노력이 경주된다. 소비자가 스마트폰으로 수돗물 상태를 언제라도 살펴볼 수 있는 것은 물론이다.

이런 노력으로 파주 교하지구의 경우, SWC 시범사업이 시작된 2014년 수돗물 직접 음용률이 1%에서 19%로 크게 높아졌고

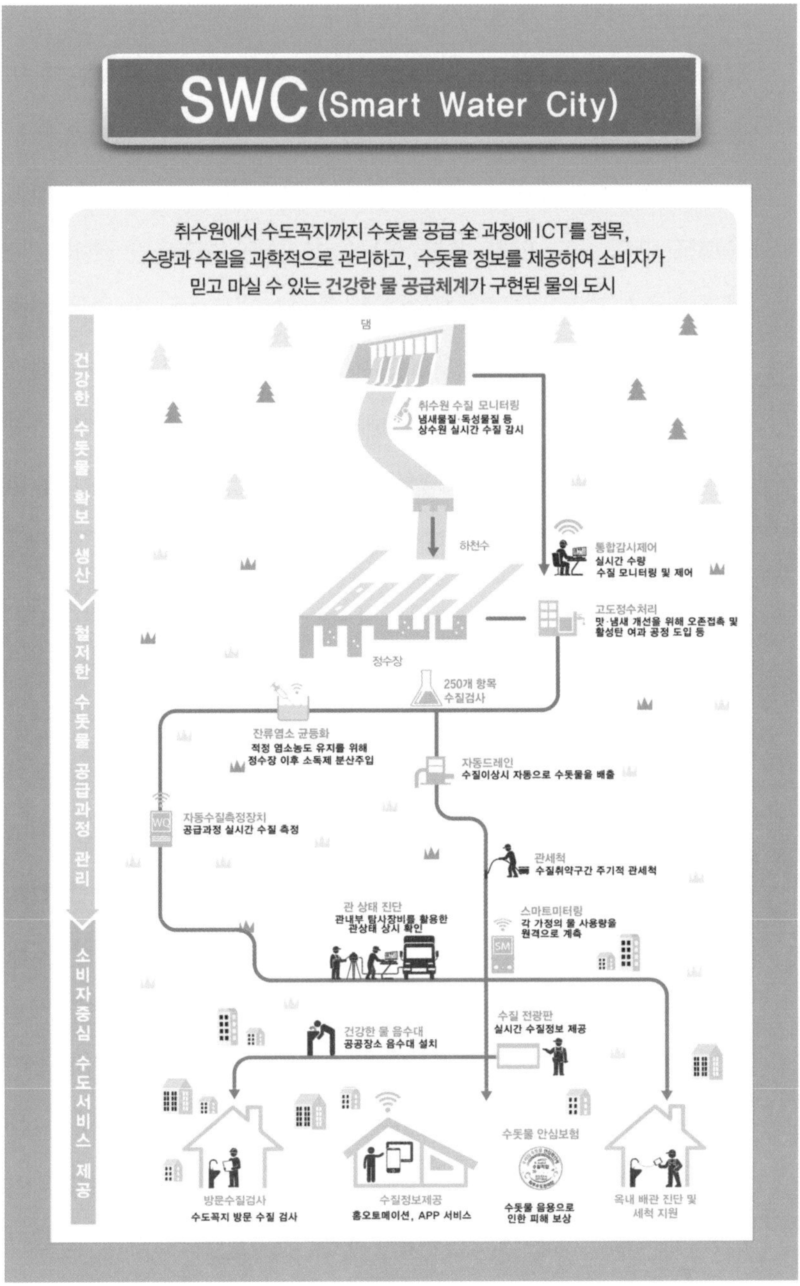
SWC (Smart Water City)
취수원에서 수도꼭지까지 수돗물 공급 全 과정에 ICT를 접목,
수량과 수질을 과학적으로 관리하고, 수돗물 정보를 제공하여 소비자가
믿고 마실 수 있는 건강한 물 공급체계가 구현된 물의 도시
건강한 수돗물 확보·생산
철저한 수돗물 공급과정 관리
소비자중심 수도서비스 제공
댐
취수원 수질 모니터링
냄새물질·독성물질 등
상수원 실시간 수질 감시
하천수
통합감시제어
실시간 수량
수질 모니터링 및 제어
고도정수처리
맛·냄새 개선을 위해 오존접촉 및
활성탄 여과 공정 도입 등
정수장
250개 항목
수질검사
잔류염소 균등화
적정 염소농도 유지를 위해
정수장 이후 소독제 분산주입
자동드레인
수질이상시 자동으로 수돗물을 배출
자동수질측정장치
공급과정 실시간 수질 측정
관세척
수질취약구간 주기적 관세척
관 상태 진단
관내부 탐사장비를 활용한
관상태 상시 확인
스마트미터링
각 가정의 물 사용량을
원격으로 계측
수질 전광판
실시간 수질정보 제공
건강한 물 음수대
공공장소 음수대 설치
수돗물 안심보험
방문수질검사
수도꼭지 방문 수질 검사
수질정보제공
홈오토메이션, APP 서비스
수돗물 음용으로
인한 피해 보상
옥내 배관 진단 및
세척 지원

스마트워터시티 개념도

2015년 조사에선 25%까지 올라갔다. ICT를 활용하여 수질 등을 실시간으로 정밀하게 모니터링하는 방식이 시민들의 큰 호응과 믿음을 산 것이다. 스마트 물관리는 수돗물의 스마트한 소비에도 당장 도움이 된다. 감지센스를 이용하여 관로상의 누수를 감시하고 수량도 관리할 수 있기 때문이다. 누수 등이 감지되면 곧바로 중앙조정실로 관련 정보가 전송되고, 즉각적인 교체나 보수가 이루어진다. 이런 첨단시설의 활용으로 신뢰가 쌓이면서 파주 2단계 사업이 마무리되는 2016년 말에는 파주에 거주하는 시민의 수돗물 음용률이 30% 선까지 높아질 것으로 기대하고 있다. 이러한 실사례가 국민의 지지와 호응을 얻어 전국적으로 확대되기를 바라고 있다.

스마트워터시티SWC 사업이 처음부터 호응을 얻은 것은 아니었다. 2013년 11월 한국수자원공사(K-water) CEO로 취임하면서 가장 큰 고민은 왜 공급자와 수요자 간에 그렇게 큰 간격이 있느냐는 것이었다. 직원들과 여러 형태의 토론과 회합을 가져도, 본인들은 좋은 물을 만드는 데 최선을 다하고 있다는 것이었다. 즉, 수원에서 취수를 하게 되면 수질에 따라 250개나 되는 항목(이것은 한국수자원공사에서 분석하는 항목이며, 한국수자원공사에서 관리하지 않는 지방자치단체에서는 이 항목의 개수가 다르다)을 정기적으로 분석하며, 몸에 해로울 수 있는 것들이나 불필요한 물질을 제거하여, 매설되어 있는 관로를 이용하여 가정이나 아파트에 설치되어 있는 물탱크까지 잘 공급하고 있다는 것이다.

그런데 현재 법령상 소비자의 책임으로 되어 있는 물탱크나 가정의 옥내배관에 대하여는 더 이상 어쩔 수 없다는 것이며, 사실 그것 때문에 많은 소비자들이 수돗물을 불신하고 있다는 것이다. 그러니까 공급자는 잘하고 있는데 소비자가 필요한 역할을 제대로 하지 못해서 문제가 발생하거나, 아니면 언론에서 자극적인 보도나 생수업체의 과장광고 등의 영향으로 이와 같은 불신 현상이 심화되고 있다는 것이었다.

눈을 소비자로 돌려보았다. 소비자의 얘기는 공급자와 달랐다. 소비자들은 어디까지가 공급자의 책임이고 어디까지가 본인들의 책임인지 알지를 못하고 있을뿐더러, 수돗물은 정부가 당연히 수도꼭지까지 책임을 지는 걸로 알고 있었다. 그리고 그동안 각종 수돗물 사고나 언론에 보도되는 각종 기사들에 수돗물에 대한 부정적 내용이 많아서 수돗물을 믿을 수 없다는 것이었다. 그러면 본인들의 가정에 들어오는 수돗물이 정말 음용할 수 없을 만큼 나쁜지 실제로 살펴보았느냐는 질문에는 거의 모두가 그렇지 않다고 했다. 나는, 한국수자원공사(K-water)나 지방자치단체가 좋은 수돗물을 생산하기 위한 고도정수처리시설까지 설치하여 잘 관리해 보내고 있고, 필요하면 시설견학을 할 수 있다고 했다. 또한, 이를 제대로 알리기 위하여 홍보용 물병을 생산하여 보급하고 있는데, 이를 마셔보면 제품의 품질을 충분히 알 수 있는 거 아니냐고 질문을 던졌다. 많은 분들이 한국수자원공사(K-water)에서 운영하는 시설에서 생산되는 물의 품질에 대해서는 신뢰를 보내고 있었고, 실제로 여러 행사 등에서 홍보용 물병을 사용한 경험도 있었다. 그러나 소비자들은, 그 물이 생산된 이후 공급되는 복잡한 과정에서 어떠한 일이 어떻게 일어나는지 누가 알 수 있느냐면서 불신의 눈을 바꾸지 않았다. 영원한 평행선이었다. 공급자는 소비자를 설득시키지 못하고, 소비자인 국민들은 공급자가 아무리 뭐라 해도 믿지 못하겠다는 것이었다.

방법은 하나밖에 없었다. 물도 일종의 상품일 수밖에 없으니 소비하는 소비자가 원하는 상품으로 바꾸는 방법밖에 없었다. 어떻게 하면 믿을 수 있겠느냐는 질문에, 최종상품 역할을 하는 수도꼭지에서 나오는 수돗물을 믿을 수 있다면 더 이상 말할 것이 없다는 것이었다.

이를 위해서는 지금까지의 물 공급 패러다임을 바꿀 수밖에 없었다. 처음 물을 취수하는 것부터 정수과정, 관로를 통하여 가정까지 도착하는 과정뿐만 아니라, 물탱크가 깨끗하다는 것을 눈으로 보여주어야 하고, 아울러 옥내배관도 깨끗하게 유지되는 상태를 보여주어야 했다. 최종적으로 수도꼭지에서 나오는 수질을 전광판이나 눈으로 보여줄 수밖에 없었다. 다행히도 최근의 우리나라 ICT의 발전으로 이와 같은 시도를 충분히 감당할 수 있었다.

문제는 수도꼭지의 수질을 실시간으로 측정하는 장치를 개발하는 것을 포함하여 곳곳의 수질을 모니터링하는 장치를 개발하고 염소냄새가 나지 않도록 하는 기술을 적용하는 일이었다. 아울러, 공급자의 책임이 아닌 물탱크나 옥내배관도 어떻게 해서든지 공급자가 살펴보아야 한다는 결정을 하고는, 이를 실천하기 위한 시범사업지역을 찾아 나섰다. 한국수자원공사(K-water)에서 책임지고 위탁관리하고 있는 22개 시·군 중에서 이와 같은 우리의 계획을 받아줄 수 있는 곳을 선정하였다. 마침 파주시장과 파주시 공무원들이 우리의 계획을 충분히 이해해 주었고, 물탱크와 옥내배관문제는 필요하다면 파주시의 조례를 만들어서라도 적극적으로 참여하겠다고 나섰다. 시범지역 내 주민들에게 이러한 내용을 설명하고 동참을 호소했다. 그러나 반응은 그다지 뜨겁지 않았다. 3만 명 정도 되는 시범지역에 이 제안을 받아들인 시민은 1/3 수준인 만여 명에 불과했다. 그래도 우리는 이에 참여한 시민들과 함께 토론과 현장방문을 거치며 각종 방안을 도출하였다. 워터코디와 워터닥터를 임명하고 가정을 방문하면서 수질도 검사하고 옥내배관도 함께 청소하며, 물탱크에 CCTV도 설치하며, 눈으로 수질정보를 제공하는 계획을 수립하였다.

수도꼭지 수돗물 수질을 알려주는 전광판(경기도 파주시)

어려움은 또 다른 곳에서 나왔다. 한국수자원공사(K-water) 내 직원들로부터 불만이 터져나왔다. 지금까지 물 공급을 잘하고 있는데, 쓸데없는 일을 더 많이 만들고(이 일을 담당한 파주 수도관리단 직원들의 노고가 정말 많았다), 또한 물값으로 받은 것보다 훨씬 더 많은 투자를 해서 회사재정을 어렵게 만드느냐는 불만이었다. 노동조합을 비롯하여 여러 형태의 토론회와 설명회를 거치며, 우리가 소비자에게 가까이 다가가지 않고서는 이와 같은 공급자와 소비자 간 간극을 메울 수 없다고 했다. 몇 개월에 걸친 설득과 계획변경을 거쳐 마침내 시범사업이 실시되었다.

2014년 11월 시범사업이 끝나면서 실시된 각종 설문조사와 주민들의 반응은 매우 놀라웠다. 직접 음용하는 가정이 사업 실시 전의 1%에서 사업 실시 후 19%로 늘어났을 뿐만 아니라, 밥마저 정수기 물을 사용한다는 가정이 정수기를 제거하여 수돗물을 이용하기 시작했으며, 중학교 아들을 둔 주부께서는 '왜 우리 아들이 다니는 학교에는 수돗물 음용시설을 설치해 주지 않았느냐.'고 항의하는 일도 있었다. 그동안 한국수자원공사(K-water)에 부정적인 시각이 많았던 환경단체에서도 이 사업에 대해 호의적인 반응을 보여주었다. 특히 수질 사고가 발생될 경우 이를 보장하는 보험도 들어놓았고 이 사실을 주민들에게도 알려주었다. 이 사업에 대한 자신감이 없으면 이를 수행할 수 없다는 우리의 각오가 주민들의 마음을 움직인 것이었다.

이제 시작에 불과하지만 이와 같은 스마트워터시티SWC에 의한 물 공급 패러다임 변화는 시범사업지역에 그치지 말고 전국으로 확산되어야 한다. 특히 이 시범사업과 동시에 실시한, 수돗물에 대한 적정 미네랄을 포함하는 '건강한 물' 공급을 위하여 의학협회와 실시하고 있는 '우리나라 국민들에게 꼭 필요한 미네랄과 이에 대한 적정량에 대한 조사와 임상실험' 결과들이 완료되면, 스마트워터시티SWC 사업은 세계에서도 가장 우수한 수돗물 정책이 될 것이라고 생각하고 있다. 이와 같은 스마트워터시티SWC 조성은 모든 국민이 수돗물을 통하여 물복지에 가까이 가는 지름길이기도 하다.

즉, 어디에 살든, 돈이 있거나 없거나 상관없이, 모두가 동등한 값으로 싸고 질 좋은 물복지를 받을 수 있는 첩경이기 때문이다. 물론 이를 위하여 약간의 투자가 더 소요되는 것은 우리가 충분히 감당할 수 있는 수준이다. 시범사업지역을 중심으로 판단해 보면 현재보다 10~15% 정도의 요금이 더 지불된다면 이와 같은 스

파주 교하 두일초등학교 학생들과 건강한 수돗물을 마시는 필자

마트워터시티SWC의 조성은 충분히 달성될 수 있다는 것이 실무자들의 판단이며, 전국으로 확산되는 경우 개발되는 신기술이나 신제품 가격도 충분히 낮출 수 있다.

물복지는 물을 충분히 쓸 수 있도록 하는 동시에 물에 대한 불안감을 없애주는 일이기도 하다. 수돗물을 마음 놓고 마실 수 있게 하는 시작은 '정말 그래도 된다.'는 것을 직접, 확인할 수 있게 하는 일이라는 것은 이미 여러 번 강조한 바 있다. 이러한 일이 예전에는 하고 싶어도 할 방법이 마땅찮았지만, 이제는 정보통신기술의 획기적인 발달로 충분히 가능하게 되었다. 스마트 물관리, 스마트워터시티는 수돗물에 대한 믿음을 어떻게 높일지 우리에게 그 길을 알려주고 있으며, 모든 국민의 물복지가 그다지 어렵지 않음을 증명해 주고 있다.

물 쉼터

워터워크Water walk

— 물을 주는 행동 + 물소리를 통한 행위예술

1952년에는 존 케이지John Cage가 〈워터워크Water walk〉라는 작품에서 물을 간접적으로 사용했다. 그는 꽃에 물을 주거나 끓는 냄비의 뚜껑을 여닫고, 욕조에 물을 받아 여러 소품들을 넣으면서 발생하는 소리들을 행위예술 또는 사운드 아트 형태로 선보였다. '워터워크'라는 제목이 말해 주듯 화병, 냄비, 욕조 주변을 걸어 다니며 꽃에 물을 주는 식의 행동을 했다. 일상생활 속의 소리를 모아서 음악으로 다시 탄생시킨 셈이다.

물복지 사회에서의 정부와 정치권의 역할

물복지는 모든 국민의 행복한 삶을 좌우하는 시급하고 중요한 국가적 과제다. 일찍이 맹자는 '무항산무항심無恒産無恒心, 생활이 안정되지 않으면 백성들이 바른 마음을 견지하기 어렵다.'고 강조한 바 있다. 이를 오늘날에는 '무항수무항산無恒水無恒産, 건강한 물의 안정적 이용이 뒷받침되지 않고는 국민생활의 안정은 어렵다.' 고 바꿔 말해도 좋을 것이다.

현대인의 관심은 아무래도 생활이 좋아지거나 복지가 향상되는 등에 집중되고 있다. 따라서 이런 요구를 충족시킬 수 있는 정책이 필요하다. 물복지는 크게 드러나지는 않지만 많은 국민들이 그 실현을 강력하게 요구하는 사안이다. 또한, 이는 물 이용의 어려움을 해결해 주는 것만을 뜻하는 것이 아니라, 수질이나 재난 등 물에 대한 각종 불안을 없애는 일까지를 모두 포함하는 개념이다. 따라서 물복지를 실현하기 위해서는 정부와 정치권의 역할이 무엇보다 중요하다. 적절한 정책을 제시하고, 정책이 실효성 있게 추진될 수 있도록 법령과 제도를 정비하며, 재정적 뒷받침을 해야 하는 책임이 정부와 정치권에 있기 때문이다. 특히, 정치권에서 물복지 실현에 많은 힘을 실어주어야 한다. 국민의 관심을 살펴야 하고, 지역 간의 이해관계 등을 적절하게 조정해 주어야 한다. 미급수지역에 광역상수도를 직접 공급하는 사업만 해도 요금과 설치비의 주민부담 문제, 지자체 사업비 부족, 예산 분할 등 여러 어려움이 있다. 국고지원 확대, 지방교부세 지원, 기금 마련, 수도요금 감면, 물 이용 부담금 감면 등을 통해 물 소외계층의 부담을 덜어줄 수도 있다.

물복지는 그냥 이루어지지 않는다. 정치권, 정부 부처, 물 전문기관, 지자체, 시민단체, 주민 등 모두가 힘과 마음을 모아야 한다. 지난 시절에 비해 물 사용 환경이 획기적으로 좋아졌다고는 하지만, 오늘날에도 물 문제는 소홀히 다뤄질 수 있는 사안이 아니다. 환경서비스 및 품질수준 제고 등의 국정과제나 소외계층 및 취약지역 물복지 확대, IT기반 스마트 물관리 기술 강화 등의 정책이 추진되고 있지만, 이에 그쳐서는 안 된다. 정부나 정치권은 아직도 우리 국민의 4%인 약 200만 국민이 물의 혜택을 마음껏 누리지 못하고 있다는 사실을 직시하면서 이의 개선과 해결에 앞장서야 한다. 지역 간 요금격차 해소, 수원水源의 효율적인 배분, 물산업 경쟁력 강화, 통합 물관리 등에 정치권과 정부의 더 많은 관심과 지원이 필요하다.

물복지 사회에서의 물관리 전문기관의 역할

우리나라의 대표적인 물관리 기관은 한국수자원공사(K-water)다. 한국농어촌공사, 지자체 등을 포함한 농업용수 관리 기관이나 수도사업자 등도 물관리와 관련이 있지만, 물을 종합적으로 개발, 관리, 보존하는 것을 주 임무로 하여 별도 법령에 의해 운영되는 기관은 한국수자원공사(K-water)가 유일하다. 한국수자원공사(K-water)는 물복지의 실현과 관련해 최전선에 서 있다. 물복지 실현을 위한 각종 정책을 발굴, 집행하는 기관이면서 소비자인 국민과 가장 가까운 곳에서 일하기 때문이다.

물복지 사회로 가는 과정에서 물관리 전문기관의 역할은 중요하다. 그리고 다양하다. 의무감, 책임감, 사명감을 가지고 많은 일을 해야 한다. 물 관련 기술을 개발해야 하고, 소비자와 국민에 무한 서비스를 제공할 수 있어야 한다. 떨어진 수돗물의 신뢰도를 높여야 한다. 이밖에 소비자들의 물에 대한 각종 요구에 부응하면서, 물과 관련한 여러 불안감을 씻어주어야 한다. 특히, 소비자인 국민들이 원하는 대로 건강하고 좋은 물을 만들어줘야 한다.

아울러 물복지 시대에 어울리는 다양한 물 관련 기술을 지속적으로 개발해야 한다. 특히, 정보통신기술ICT의 비약적 발전과, 사물인터넷IoT시대의 도래는 수돗물에 대한 믿음을 높이고 물복지를 실현하는 데 큰 도움이 되고 있다. 각종 센서sensor 등을 이용해 물관리 과정 전반과 수질 등이 실시간으로 확인될 때 수돗물에 대한 믿음은 한층 높아질 수 있다. 더욱 과학적으로 물 수요를 관리할 수 있고, 남는 지역의 물을 모자란 지역으로 보내는 일도 더 이상 어려운 일이 아니다.

물에 대한 무한 서비스, 최고 품질의 서비스를 제공함에 있어

문제가 있는 곳이라면 언제든, 어디든 갈 수 있어야 한다. 달려가는 데 그쳐선 안 되고 바로 문제를 해결해 줄 수 있으면 좋다.

물복지 실현을 위한 각종 사업의 발굴에도 힘써야 한다. 문제가 불거진 뒤에 해결하고자 애쓸 것이 아니라, 미리 어떠한 문제가 있고 무엇을 개선해야 하는지 등을 찾아내 대처할 수 있어야 한다. 현대사회와 모든 국민은 이를 요구하고 있고, 누구건 어떤 기관이건 이러한 요구에 부응해야만 생존하고 발전할 수 있다.

물복지 사회에서의 국민의식

물복지는 실현 불가능하거나 현실과 괴리된 공허한 구호가 아니다. 그래서도 안 된다. 그리고 혼자의 힘으로는 절대 실현할 수 없는 일이기도 하다. 물복지가 왜 중요하고 어째서 물복지를 실현해야 하며, 이것이 얼마나 시급한 일인지, 국민적인 이해와 공감이 있어야 한다. 모두가 한마음으로 물복지 실현을 응원하고 도와야 한다.

무엇보다 이웃을 생각하고 타인을 배려하는 마음이 필요하다. 삶에서 가장 중요한 것은 물론 '나'지만, 이 '나'는 '다른 사람' 없이는 살아갈 수 없다. 개울물만이 유일한 먹을 물인 윗동네와 아랫동네를 상상해 보자. 윗동네에서 물을 마음대로 더럽히거나 개울을 막아버리면, 아랫동네의 물 이용에 큰 장애가 올 수밖에 없다. 그렇게 한쪽을 희생시키면서 이용하는 물은 이기심을 충족시켜줄지언정 마음의 건강에도 좋을 리가 없다.

인간은 혼자서는 살아갈 수 없다. 무인도에서 살지 않는 한, 이웃과 사회와 국가와 세계 등 공동체의 구성원으로 살아간다. 강원도 어느 산골마을이 극심한 가뭄으로 물 부족에 시달리게 된 일이 서울시민과 아무 상관없는 일이 아니다. 가뭄이 계속되면 강이 마르고 서울에도 물 대란이 올 수 있다. 한 나라의 물 부족은 멀리 떨어진 다른 나라에도 영향을 끼친다. 물 부족으로 사회불안이 생기고 전쟁이 나고 국제정세가 혼란해지면 세계적인 경기 후퇴로 이어질 수도 있다.

사는 동안 누구나 타인의 도움이 필요한 법이다. 자급자족 원시시대가 아닌 현대는 더욱 그렇다. 누군가가 댐을 막아서 물을 끌어와 정수해서 멀리까지 보내주지 않으면, 집 안에서 편히 수돗물을 쓰기는 불가능하다. 외딴 곳에 살거나 돈이 없다는 등등의 이유로 자유롭게 물을 사용하지 못하는 사람들에게 눈을 돌릴 필요가 있다. 이렇듯 현실이 불공평하다는 사실을 인정하고, 이의 개선에 앞장서야 한다. 이웃이 잘 살고 있는지 관심을 가지고 서슴없이 도움의 손길을 내밀 때, 인류의 지속 가능성은 더욱 커진다.

물복지 실현을 위해 국가예산을 투입하는 데도 한계가 있는 상황에서 국민들이 정수기나 생수 등의 구입에 연간 2조 원이 넘는 돈을 들이고 있는 현실은 일종의 아이러니가 아닐 수 없다. 이 돈의 일부만 수돗물 요금으로 환원되어 수돗물 품질향상에 쓰여도 물과 관련된 여러 문제를 해결할 수 있다. 모두가 상생하는 길이 어디에 있는지, 그리고 이를 위해 개인이 할 수 있는 일이 무엇인지 각자 생각이 필요한 대목이다.

물복지 사회에서의 수돗물값 바라보기

물복지는 시간의 경과만으로 저절로 이루어지지 않는다. 오랜 노력과 많은 비용을 필요로 한다. 우리나라에서는 전통적으로 물[水]은 공짜, 즉 자유재自由財라는 인식이 지배적이었다. 그러나 오늘날에는 물을 공짜 자원으로 생각하는 사람은 거의 없다.

늘어만 가는 물 수요에 부응하려면 별도의 물 생산과정이 불가피한데, 이를 위해서는 '재원'이 있어야 한다. 수돗물만 해도 댐 건설, 정수장 및 관로설치 등 막대한 규모의 투자가 따라야 이용할 수 있다. 비용이 든다면 누군가는 이에 상응한 대가를 부담해야 한다. 일반적 원칙은 '수익자부담'이다. 물을 직접 마시고 쓰는 사람이 그 양에 비례한 '사용료 개념'의 비용을 부담하는 것이다. 실제 물, 전기, 가스 등 공공요금 대부분은 수익자부담 원칙을 적용한다. 물값을 '수도세'로 부르는 이가 있으나 이는 맞지 않다. '수도요금'이라야 맞다. 제공하는 재화와 서비스에 대한 대가로 반대급부가 존재하므로 '부담금'이나 '조세'와는 구별된다.

물값의 구성요소는 다양하다. 시설의 건설비용 및 유지 관리비용, 새로운 시설의 확충비용 등 총괄원가 개념을 적용한다. 어떠한 제품도 원가에 못 미치는 가격으로는 지속적인 생산이 불가능하다. 수도요금도 마찬가지다. 그러나 우리나라 물값은 아직 원가보다 낮은 수준에 머물러 있다. 2013년 말 기준 지방상수도는 원가의 78%, 광역상수도는 87% 정도다. 모자란 부분은 지방재정으로 충당하든지 아니면 적기에 꼭 투자되어야 할 곳에 투자되지 못하고 방치하고 말게 된다. 이것이 수돗물 사고의 가장 큰 원인이 되고, 이로 인하여 수돗물이 계속 불신되고 있다는 사실도 우리를 매우 슬프게 한다. 원가에 못 미치는 저렴한 물값은 부작용을 낳는다. 자원낭비와 물의 과소비를 부추기고, 물 수요관리에 장애가 된다. 노후시설을 고쳐서 시설을 개선하는 등에 필요한 재원 마련도 불가능하게 한다.

우리나라의 물값은 공공요금으로 분류되어 정부의 엄격한 통제 아래 결정된다. 원가에 대한 객관적인 검증은 물론, 다양한 분야의 전문가와 이해관계자로 구성된 '물값심사위원회'의 심의의결 과정과 기획재정부 협의를 거쳐 정부가 결정한다. 직접 관련이 없는 비용은 포함될 수 없는 구조다. 낮은 물값은 무엇보다도 수돗물 혜택을 받지 못하고 있는 오지지역의 물복지 실현을 저해한다. 수돗물 공급을 위한 재원 마련을 힘들게 하는 까닭이다.

우리 수도 역사는 100년이 넘는다. 오랜 역사만큼 노후관 등 문제점도 적지 않다. 전국에 고치고 바꿔야 할 수도관이 꽤 있다. 그러나 환경부가 발표한 연간 수도관 교체율(2013년 기준)은 전체관로의 1.4%에 불과하다. 이러한 문제를 해결하는 데 드는 비용은 물값으로 충당하는 것이 맞다. 아니면 다른 형태의 세금으로 충당되는 국고를 이용할 수밖에 없다. 그러나 물값 현실화는 수돗물을 걱정하는 많은 사람들의 꽤 오랜 요청에 비해 메아리가 매우 약하다. 사람들이 더욱 품질 높은 좋은 물을 먹고 싶어 하면서도 물값 인상에는 시큰둥하기 때문이다.

생각을 바꿔야 한다. 건강하고 깨끗한 물을 원한다면 이에 상응하는 정당한 대가를 지불하는 것이 옳다고 생각해야 한다. 경제적 여유가 있는 사람들이 조금씩 더 내서, 형편이 어려운 사람들의 자유로운 물 이용을 도울 수도 있다. '물은 생명'이라는 말이 있다. 생명은 결코 돈으로 바꿀 수 없다. 모두가 동의할 수 있는 적절한 물값 부담을 통해 더욱 많은 사람들이 건강한 물을 마음껏 마실 수 있기를, 그리하여 생명이 넘쳐나는 사회가 되는 것이 진정한 물복지에 가까이 가는 것이다.

주요 국가별 수도요금 현황

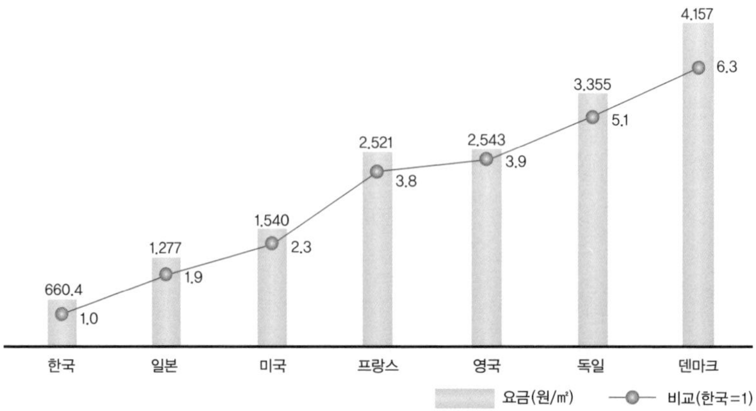

※Global Water Intelligence(2014. 9월호), 2013 상수도통계(환경부, 2014년)

※기준환율(2014. 9. 30.) : 1USD = 1,055KRW

수도요금과 다른 공공요금과의 비교

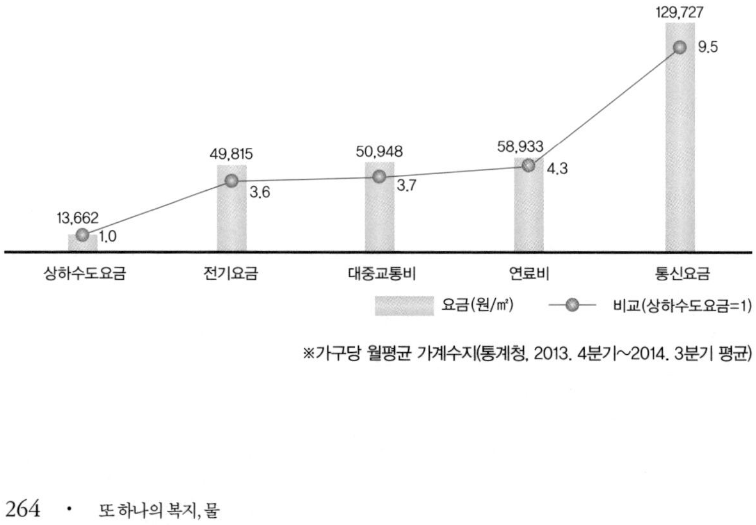

※가구당 월평균 가계수지(통계청, 2013. 4분기~2014. 3분기 평균)

공평, 질서, 조화, 상생을 실천에 옮기자

물복지를 달리 말하면 물을 공평하고 질서 있게 사용하고, 물을 보는 시각을 조화와 상생에 맞추는 것이라고 할 수 있다. 양극화가 세계적인 사회문제가 되고 있다. 체제를 무너뜨리는 주요인이 될 것으로 우려하는 시각도 많다. 물 이용에도 공평과 질서가 중요하다. 도시와 농촌, 풍족한 지역과 모자란 지역, 상류와 하류 간에 서로 만족할 만한 물 이용이 이루어질 때 진정한 물복지가 실현된다. 갈등이나 다툼을 막기 위해 질서 있는 이용도 필요하다. 질서는 이해하고 양보할 때 더욱 힘을 얻는다.

물복지는 조화와 상생의 정신이 바탕이 될 때 완성에 이를 수 있다. 대기업과 중소기업이 상생과 협력을 통해 동반성장을 이루는 것과 같이, 물도 각자의 환경과 위치에 관계없이 서로의 존재가치를 인정하며 함께 나누어 쓰고 공동으로 관리, 보존할 때 복지시대를 더욱 빨리 더욱 활짝 꽃피울 수 있다. 공평, 질서, 조화, 상생의 실천으로 진정한 물복지를 이루자. 그리고 그러한 시대의 도래를 우리 눈으로 확인하자.

물 쉼터

박승순의 물 연주, 아쿠아포닉스AQUAPHONICS

뉴미디어 콘텐츠 크리에이터이자 전자음악가 Radiophonics로 활동 중인 박승순이 2015년, '물과 음악의 상호작용'을 주제로 아쿠아포닉스라는 음악 인터페이스를 개발했다. 동시에 물의 과학적 속성을 기반으로 개념음악을 작곡하기 시작했다. 아쿠아포닉스 V1은 물방울이 떨어지는 속도를 다르게 조절하여 센서에 반응할 때마다 새로운 패턴의 음악이 자동으로 연주되는 자동 음악연주기기다. 아쿠아포닉스 V2에서는 파이프의 유속을 제어하여 컴퓨터에 내장된 각기 다른 악기를 자동으로 연주하는 인터페이스를 만들어 '대구/경북 세계물포럼(7th World Water Forum, 2015년 4월), 다빈치 크리에이티브 전시' 등에 초청되어 시연하였다.

물을 이용한 연주(Glass Harp), 제7차 세계물포럼

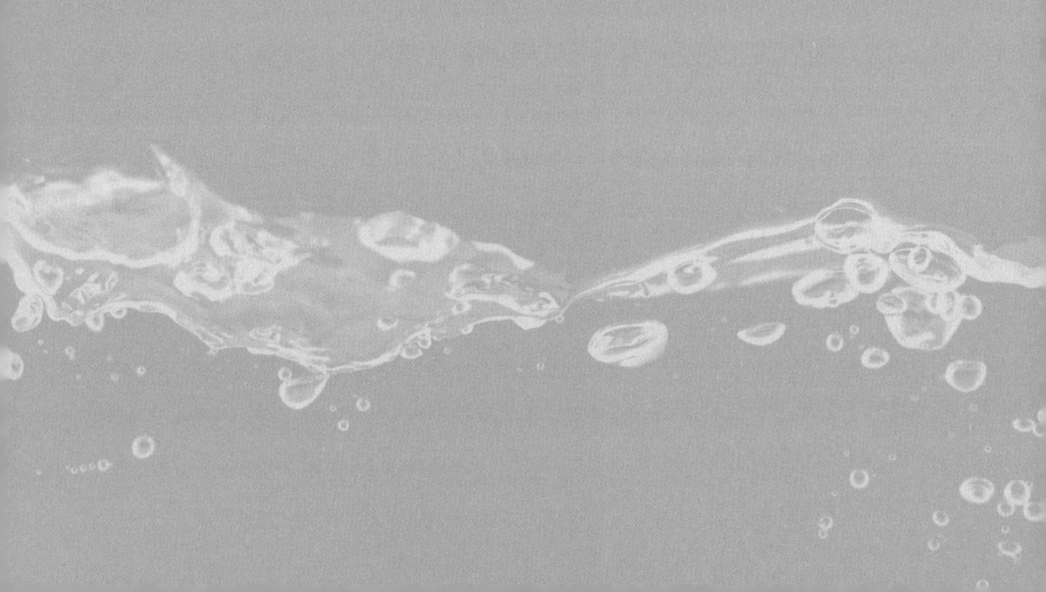

8장

이제 우리가 나서야 할 때다

• 인간은 물 없이는 살 수 없다. 물은 생명의 근원이고 파멸의 원인이다. 그래서 의지하고, 사랑하고, 숭배하고, 두려워한다. 물을 두고 치열하게 싸우는 일도 비일비재하다. 과학과 기술의 힘으로 다스릴 수 있다고 확신했던 시기가 있었지만, 그것은 단지 얕은 지식에 근거한 자만이었다는 것이 드러나고 있다. 기후가 바뀌고 오염이 심해지고 갈등이 깊어지면서 인간과 물의 관계를 어떻게 지속 가능하게 만들 것인가가 커다란 과제가 되고 있다.

물은 끝없이 순환한다. 하나의 거대한 엔진으로, 원료는 태양에너지고 동력은 중력이다. 인간의 활동과 관계없이 끝없이, 쉼 없이, 무한히 굴러간다. 그동안의 물 순환은 반복되는 재난에도 불구하고 비교적 질서정연한 편이었지만, 언젠가부터 예상치 못한 장애가 하나둘 생기고 있다. 대표적인 장애가 기후변화로, 그 결과는 끔찍하다. 홍수와 가뭄 같은 대규모 물 재난이 계속해서 발생하고, 막대한 피해가 줄을 잇는다.

장애의 가장 큰 원인은 인간의 개입, 생산활동이다. 물을 문화의 산물이나 다시 가공해야 하는 대상쯤으로 여기는 태도는 오만에 불과하다는 것은 역사가 증명한다. 경쟁보다는 협력으로 지속가능성을 높여야 한다. 물과 인간의 관계에 문제가 생기고 있다는 것을 알면서도 무엇을 어찌할지 모른다면 이는 어리석음에 다름 아닐 것이다. 가야 할 곳을 정한 후, 최적의 지름길로 달려가야 한다. 새 옷이 필요하면 갈아입자. 이때는 입고 있던 옷부터 먼저 벗어야 한다는 것을 잊지 말자. 옷이 낡았거나 변화한 몸에 맞지 않는다면 당연히 벗고 새 옷을 골라야 하지 않겠는가.

물을 배우고 가르치고 관리하는 동안 겪고, 느끼고, 생각한 이야기를 두서없이 적었다. '범작사凡作事 수요유사천지심須要有事天之心 불요유시인지념不要有示人之念, 일 앞에 스스로 만족하고 천지에 부끄럽지 않은 마음가짐이 필요하지, 남이 알아주고 몰라주는 것은 알 바 없다.'는 옛말이 있지만, 흡족하기는커녕 부끄러움이 더 크다. 사람들이 물과 인생을 다시 생각해 보는 데 조금이라도 도움이 되었는지 모르겠다. 특별히 기억나는 내용이 없을 수도 있다. 그렇다면 그것도 나의 부족함 탓일 것이다.

다만 다음 몇 가지는 꼭 기억해 줬으면 좋겠다. 물은 분명, 인류와 세계의 미래를 좌우할 수 있는 중요한 열쇠를 쥐고 있고, 우리와 우리 후손의 밝고 건강한 미래를 위해서는 '물과 사람의 조화'를 위한 모든 사람들의 일관된 노력이 정말 필요하기 때문이다. 그리고 이 노력은 어느 시점에 딱히 완성되는 그러한 것이라기보다는 완성을 향한 끝없는 추구라고 봐야 할 것이다.

선진사회로의 도약은 시대적 과제고, 경제 활성화는 국민의 바람이다. 사회적 자본 특히 신뢰자본의 튼튼한 뒷받침이 절실한 시점이다. 세상에 대한 믿음이 커지면 커질수록, 사람들은 생업에 더욱 집중하게 되고 경제 전반의 생산성이 올라가기 때문이다. 그리고 물을 비롯한 공공서비스의 질을 높이는 일이야말로 신뢰자본을 쌓는 가장 좋은 출발점이 된다.

물을 바라보는 시각을 바꾸자

대상이나 문제를 보는 시각을 바꿔 답을 찾는 일은 삶을 대하는 매우 유용한 태도 가운데 하나다. 아무리 귀찮고 걱정스럽던 일도 긍정적으로 바라보기 시작하면 보람과 행복으로 이어갈 수 있다. 물에 대한 시각을 바꾸어야 한다. 사람과 지구상의 생명 있는 모든 것들의 사이를 흐르며 이들을 이어주는 연결고리가 바로 물이다. 서로가 연결되어 있는 이상, 일체감을 가지고 협력의 마음으로 생각하고 행동하지 못할 이유가 없다.

한비야의 『지구 밖으로 행군하라』를 읽고 큰 감동을 받은 바 있다. 그는 세계 곳곳의 재난 현장과 전쟁터, 오지 등을 보고 겪다 보니 자연스럽게 '이 사람들을 도와주고 싶다.'는 열망이 일어나더라고 얘기한다. 그들의 비참한 현실과 아픔, 숱한 어려움 등에 공감하게 되었기 때문이다. 한 사람의 아픔이 이웃의 아픔이 되고, 이웃의 아픔이 나의 아픔으로 다시 느껴질 때 공감은 더욱 커지기 마련이다. 물 문제 역시 공감이 매우 중요하다. 공감해야 소통할 수 있기 때문이다. 소통이 되면 문제 해결 역시 빨라지고 원활해질 수 있는 것이다.

물은 그냥 물이 아니다. 생명이면서 최소한의 권리이고, 희망찬 삶의 바탕이다. 모두가 함께 나눠 써야 하는 소중한 자원이다. 따라서 협의와 양보를 바탕으로 물 문제에 접근함이 옳다. 거듭 말하지만 세상을 혼자서 살아갈 수는 없다. 서로 도우며 살아가야 한다. 물과 관련해 문제가 생겼을 때, 이를 귀찮은 골칫거리로 대하는 태도는 바람직하지 않다. 누군가의 아픔이나 고통, 어려움을 해결할 수 있는 좋은 기회로 삼으려는 태도가 필요하다. '욕래조자欲來鳥者 선수목先樹木, 새를 불러 모으려면 먼저 나무부터 심으라.'고 했다. 물이 문제이면, 물이 공동체의 미래를 위협하면, 근본 원인을 살펴보고 이를 적극적으로 해소하려는 의지가 필요하다고 본다.

패러다임을 바꾸고 신뢰 사회로 나가자

인생에는 수많은 위기와 기회가 있고, 세상은 쉼 없이 바뀐다. 세상이 변한다는 사실이야말로 변하지 않는 유일한 진리라고나 할까. 변화는 또한 적응을 요구한다. 변화에 적응치 못하면 생존과 번영을 계속할 수 없다. 생명을 가진 모든 것, 미래를 꿈꾸는 모든 것들은 늘 새로운 변화에 적응해야만 한다. 변화는 귀찮고 나쁜 게 아니라는 것은 새삼 말할 필요가 없다. 변화는 조직, 시스템, 사람 등을 새롭고 건강하게 다시 태어나게 하는 기회를 제공한다. 변화를 감지하면, 어떻게 여기에 적응해서 새롭게 발전할지를 생각하는 능동적인 자세를 가질 필요가 있다.

물을 둘러싼 변화가 크고 빠르다. 기후변화를 비롯한 자연환경이 매년 악화되고 있고, 물의 가치나 물에 대한 사람들의 요구가 새롭게 바뀌고 있다. 상황이 바뀌면 다시 공부하고 적응해야 하는 건 너무나 당연한 일이다. 그 시작을 '물관리 패러다임 전환'으로 하는 게 좋을 듯하다. 수량과 공급확대 등 그동안 중심적인 역할을 해온 기존 물관리 패러다임이 한계를 드러내고 있는 만큼, 패러다임 전환paradigm shift이 시급하다.

'물관리 패러다임'을 '몸에 좋은 건강한 물'로 바꾸어야 한다. 언

제7차 세계물포럼 거버넌스 회의 장면

제 어디서고 수질정보를 확인할 수 있게 하고 소비자들이 건강한 물과 관련한 모든 정보를 손쉽게 받아볼 수 있도록 하는 일이다. 정보의 내용은 100% 신뢰할 수 있어야 한다. '스마트워터시티Smart Water City로의 변화'야말로 이에 대한 가장 좋은 해답이 될 수 있다.

서로에 대한 신뢰가 필요하다. 신뢰는 우리가 '원하는 바'로 존재할 게 아니라 현장에서 시시각각 확인되어야 한다. 물과 관련해 각자의 이해관계와 입장이 다름에도 불구하고, 물을 제대로 사용하려면 먼저 신뢰라는 바탕이 있어야 한다. 신뢰는, 물에 대한 거시적인 시각의 합의하에 미시적 조정을 아우르는 노력을 통해서 더 커질 수 있다.

인류의 미래가 물에 의해 좌우될 수 있다는 사실에, 물의 가치가 갈수록 커지고 있다는 사실에, 물과 인간의 조화를 통해 더 나은 내일을 추구할 수 있다는 사실에 모두가 동의해야 한다. 정확한 자료를 바탕으로, 다른 견해나 주장에도 귀를 기울이면서, 열린 마음과 겸손한 태도로 접근한다면 어떤 어려운 문제도 충분히 해결할 수 있다. 나의 경험에도 많은 난제難題의 해결이 '생각보다 원활했던 경우'가 많았다. 시도도 하기 전에 난색을 표하기 전에, '나를 믿고, 너를 믿고, 우리를 믿고 한번 해보자!'고 다짐하며 힘차게 출발하는 편이 훨씬 낫지 않겠는가.

공급자와 소비자의 자세도 바꾸자

시장경제의 패러다임이 공급자에서 소비자 중심으로 바뀐 지 오래다. 물 분야도 이러한 시대적 변화에 부응하는 추세다. 이와 더불어 소비자의 자세도 변화가 필요하다. 진정한 물복지 실현을 위해서는 공급자와 소비자 모두가 달라져야 한다. 물복지 실현이 물 공급의 기본 철학이 되어야 한다. 물 소외지역이 없도록 해야 하고, 물 공급을 위한 모든 활동이 소비자 관점에서 이루어져야 한다.

공급자는 기술개발과 품질향상을 통해 몸에 좋은 건강한 물을 더 많은 사람들에게 더욱 충분히 공급해야 한다. 품질을 높였는데도 왜 사람들이 수돗물을 마시지 않는지 의구심을 갖기에 앞서, 소비자들이 품질 향상을 인정하고 기꺼이 마실 수 있게 하는 노력이 필요하다. 그런 노력의 일환이 정보통신기술과 사물인터넷 등을 활용해 수원지에서 수도꼭지에 이르는 모든 과정을 직접 알아보고 확인할 수 있게 하는 것이다.

사람들의 막연하고 근거 없는 불안을 없애는 지름길은 과학적 증명과 실제적 체험에 있다. 소비자 스스로 수돗물이 어디서 어떻게 만들어져 어떤 방법으로 옮겨지고 그 과정에서 관리는 어떻게 이루어지는지, 또 수돗물의 품질은 과연 어느 정도인지 직접 알아보고 확인할 수 있다면, 신뢰를 얻는 일은 그리 어렵지 않을 것이다.

아시아 물위원회 Asia Water Council 회의(2015. 4)

소비자 만족도도 높여야 한다. 단순히 신속하고 친절한 서비스를 다짐하고 실행하는 수준을 넘어 상시적인 무한서비스를 제공할 준비가 되어 있어야 한다. 사전에 문제요인을 발굴해 해결하는 것이 중요하다. 소외받는 사람이 없고, 필요할 때 원하는 서비스를 제공받을 수 있으며, 물에 대해서는 아무런 불안감을 가지지 않는 바로 그것이야말로 진정한 물복지일 것이다.

소비자도 달라져야 한다. 정당한 권리행사나 충분한 서비스 요구는 중요하고 마땅하다. 물 공급자들이 그렇게 할 수 있도록 항상 감시하고 모니터링하고 평가하고 요구해야 한다. 그러나 물복지 시대를 맞아 더욱 중요한 것은 그러한 요구가 '자기 자신'만을 향해서는 안 된다는 사실이다. 보이지 않아도 건강한 물의 혜택을 제대로 누리지 못하는 사람, 물 소외지역, 여러 여건으로 물 이용에 어려움이 큰 곳에 대한 관심과 배려가 따라야 한다.

불안감이나 과시욕을 자극하는 각종 마케팅이나 잘못된 믿음, 굳어진 선입관 때문에 수돗물의 변화를 잘 알아보지 못하는 경우가 많다. 우리 모두에게는 값싸고 건강한 물을 마실 권리가 있다는 것을 자각할 필요가 있다. 자각을 넘어 선언할 용기가 있어야 한다. 습관적인 수돗물 외면이 얼마나 큰 사회적 비용을 초래하는지, 이로 인해 물복지 실현이 얼마나 늦어지고 있는지 다시 생각해 볼 필요가 있다. 이 일에 더는 늦장을 부려서는 안 될 것이다.

상생과 배려의 사회를 기대한다

우연찮게 지인에게 듣게 된 전통무술 택견 이야기는 물복지 실현을 위한 우리의 마음가짐이 어떠해야 하는지에 대한 좋은 힌트가 되었다. 그는 택견이 '공격하지 않고 이기는, 배려와 상생의 무

제7차 세계물포럼 물 과학기술의 CEO 혁신 패널

예'라고 설명했다. 사실 여부나 전후사정보다는 배려와 상생이, '싸우지 않고 이기도록 한다.'는 점이 인상 깊었다.

무한경쟁 시대다. 특히 물을 둘러싼 경쟁이 뜨겁고 맹렬하다. 갈등과 다툼이 줄을 잇고 있고, 이로 인한 사회경제적 비용 또한 계산이 어려울 정도다. 부족함과 불안감 없이 모두가 건강한 물의 혜택을 마음껏 누리는 일은 자꾸 미뤄지고 있다. 갈등과 다툼을 해소하며 모두에게 이익이 되는 길을 찾아 나아가지 못하면 지속 가능한 세상은 더욱 멀어질 수밖에 없다. 그 해답이 배려와 상생이다. 타인과 상대방의 입장을 생각해 주는 마음, 다른 주장이나 관점에 대한 수용, 대화와 타협을 가능케 하는 출발이 바로 배려라고 본다. 배려라고 해서 스스로를 희생해 가며 배려하라고 하기는 어렵다. 합리성과 이득을 중시하는 현대인은 일단 자신부터 챙기기 마련이다. 기꺼이 손해를 감수하면서 배려하고 협력할 현대인은 많지 않다. 국가로 확장시켜 보더라도 그럴 나라는 거의 없다.

공자는, '자신에게 엄격하고 남에게 관대하라.'고 말한다. 이는 이익이 있다면 양보할 줄 알아야 하고, 설령 손실이 예상된다 하더라도 일부 떠안을 자세가 되어 있어야 한다는 뜻이기도 하다. 그렇게까지 하지는 못하더라도, 서로 도움을 주고받는 배려, 서로 win-win할 수 있는 상생의 배려만으로도 협력을 끌어낼 수 있고, 물복지 실현에 한 걸음 더 다가갈 수 있을 것이다. 분명한 것은 '우리 모두의 밝고 건강한 내일'은 '다른 사람의 고통과 어려움을 알아채고 이를 덜어주려는 노력'이 있어야 더욱 가까워진다는 점이다. 이기심이나 지역이기주의 등을 이겨낸, '우리 함께'라는 공동체 의식과 문화가 성숙될 때 물복지가 실현되고 대한민국이 더욱 발전할 수 있다는 점이다. 이를 위해서 꼭 염두에 두어야 할 것은. 내 주변, 더 나아가 멀리 떨어져 있는 내 동료도 나와 같이 물을 이용할 수 있는 권리가 있다는 인식을 갖는 일이다. 조금씩 양보해서 모두가 사용할 수 있는 길을 찾는 것이야 말로 상생하는 길이라는 것을 꼭 인식했으면 좋겠다. 모든 물은 바다를 지향한다. 바다가 가장 낮은 곳에 있어 가능한 일이다. '배려'라는 조용한 흐름이 만들어가는 '상생'의 광대한 바다가 저 앞에 있다.

…글을 마무리하며

한 자락 두서없는 물 얘기를 끝낸다. 물에 대해 알리고, 아울러 물복지에 대하여 함께했으면 하는 의욕이 앞선 나머지 당초 목표에서 조금 벗어나고 어수선한 느낌이다. 내가 소망한 것은, 물과 사람 간의 바람직한 관계를 생각해 보는 사람들이 더 많아지고 이를 통해 모두가 물의 혜택을 골고루 누렸으면 하는 것이었다. 물의 덕성이나 지혜 등을 각자의 인생에 비추어보면서 느낀 점들로, '물의 미래'와 '사람의 내일'이 좀 더 밝아지기를 바랐다. 부족한 부분이 많다는 것을 잘 안다. 독자들께는 '서부진언書不盡言 언부진의言不盡意', "글은 말을 다하지 못하고 말은 뜻을 다하지 못하는" 무엇이 있다고 헤아려주시기를 부탁드린다.

언제, 어디서나 우리 모두는 저마다의 인생에서 주인공이다. 각자의 인생을 책임지는 사람도 자신일 수밖에 없다. 사람과 물의 관계, 물과 사람의 미래는 우리 자신의 선택과 행동에 달려 있다. 지금 당장 어렵고 힘든 일이 가득한 마당에 수년 또는 수십 년 뒤의 변화에 대비해, 준비하고 이끌고 만드는 일이 만만할 리 없다. 그러나 생각보다는 어렵지 않을 수도 있다. 제때, 열심히, 충분히,

오래 노력하기만 하면 어떠한 변화도 끌어낼 수 있다고 믿는다.

전 세계가 지금도 큰 홍수, 긴 가뭄, 물 부족, 물 오염 문제로 어려움을 겪고 있지만, 여러 요인으로 인하여 앞으로 이러한 물 문제가 더욱 심각해지리라는 것은 자명하다. 반면에 물에 대한 국민들의 욕구는 점차 강화될 것이다. 모든 국민들이 물로 인한 혜택을 골고루 받을 수 있도록 시스템과 제도의 개선이 이루어져야만 한다. 이를 위하여 반드시 염두에 두어야 할 것은, 내 옆에 있는 물이라고 내 것이 아니라는 것이다. 나도 이용하고 즐기기도 하지만, 내 옆에 있는 동료도 나와 같이 혜택을 받아야 한다는 것을 인식해야 한다. 이제 우리는 더 나아가 물은 내 것이 아니라 우리의 것이라는 생각을 확고히 해야 한다. 이 책을 읽는 독자들만이라도 물은 공유재라는 인식이 확고해진다면 부족한 내용으로 인하여 무거워진 마음이 한결 가벼워질 것 같다.

물은 물의 길을 따라 흐르고 사람은 시간에 묶여 유한한 인생을 살아갈지라도, 물과 사람이 만나는 어디쯤에서 서로 행복한 웃음을 나누며 껴안을 때가 반드시 있다고 믿는다. 이를 위해, 나에게 주어진 나름의 역할뿐 아니라 무엇을 더 해야 할지를 항상 생각하며 앞으로도 앞장서서 힘을 보탤 것을 다짐해 본다. 창문 너머 저만큼, 석양에 물든 호수가 황금빛으로 일렁이며 손짓한다. '더 나은 내일을 위해 서로를 돌보며 함께 갑시다.'라고…….

참고하고 도움 받은 책과 자료들

- 「물과 미래」 한국수자원공사, 2014/2015
- 「물과 사람 이야기」 한국수자원공사/국민물교육협의회, 2015
- 「물 생명의 근원, 권력의 상징」 베로니카 스트랭, 반니, 2015
- 「재난 그리고 행복」 오경두, 민서각, 2015
- 「물을 생각해요」 조현권, 스콜라, 2014
- 「물 거버넌스」 고문현 외, 도서출판 피어나, 2014
- 「물과 창조경제」 최계운 외, 피어나, 2014
- 「지도밖으로 행군하라」 한비야, 푸른숲, 2014
- 「생수 그 치명적 유혹」 환경운동연합 역, 청림출판, 2011
- 「물 백과사전」 후지타 고이치로, 아르고나인, 2011
- 「워터노믹스」 임규진 외, 동아일보 미래전력연구소, 2010
- 「변신재주꾼 물 이야기」 프랑소와 미쉘, 밝은 미래, 2008
- 「물의 과학과 문화」 정동호, 윤백현, 홍익재, 2008
- 「물의 세계」 요네야마 마사노부, 이지북, 2002
- 「물의 역사」 알레브 라이틀 크루티어, 예문, 1997
- 「물과 한국인의 삶」 최정호 외, 나남출판, 1994
- 「재미있는 물 이야기」 한국수자원공사, 1993
- 「물의 과학」 한국수자원공사, 1991
- 「인천하천살리기 활동보고서(2007.6~2008.5)」 인천광역시 하천살리기 추진단, 인천지역환경기술개발센터, 2008
- 「인천하천살리기 활동보고서(2006.6~2007.5)」 인천광역시 하천살리기 추진단, 인천지역환경기술개발센터, 2007
- 「인천하천살리기 활동보고서(2005.6~2006.5)」 인천광역시 하천살리기 추진단, 인천지역환경기술개발센터, 2006
- 「인천하천살리기 활동보고서(2004.6~2005.5)」 인천광역시 하천살리기 추진단,

인천지역환경기술개발센터, 2005
- 「인천하천살리기 활동보고서(1997.10~2004.5)」 인천광역시 하천살리기 추진단, 인천지역환경기술개발센터, 2004
- 「인천의 하천 이야기」 유중호 외, 다인아트, 2006
- 「2010 몽골 '인천 희망의 숲' 식림행사」 인천환경원탁회의, 2010
- 「2009 몽골 '인천 희망의 숲' 식림행사」 인천환경원탁회의, 2009
- 「2008 몽골 '인천 희망의 숲' 식림행사」 인천환경원탁회의, 2008
- 「2009 몽골 '인천 희망의 숲' 식림행사를 위한 토양 및 지하수 모니터링 매뉴얼」 (재)국제도시물정보과학연구원, 2009
- 「바람직한 통합물관리 가이드북」 한국수자원공사, 2015
- Climate Change and Water Resources, Sangam Shrestha 등, CRC Press, 2014
- 「21세기 물위기 극복을 위한 바람직한 통합물관리 방안」 한국수자원공사, 2014
- 「수자원장기종합계획」 국토해양부, 2011
- 「북미대륙 물의 역사」 피터L 번스타인, 사닥다리, 2011
- 「물 전쟁」 빌헬름 자거, 도서출판 푸른나무, 2008
- 「물분쟁 사례분석 및 조정방안에 관한 연구」 건설교통부, 2007
- 「英 인디펜던트 誌」 2006
- 「물 전쟁」 반다나 시바, 도서출판 생각의 나무, 2003
- 「Water for People Water for Life」 UN World Water Development Report, 2003
- 「세계의 주요하천」 브리테니커백과사전, on-line
- 「물분쟁과 21세기」 국토연구원, 2002
- 「공유하천관리방안 연구」 국토해양부, 2002
- 「물의위기」 마크드빌리어스저 박희경·최동진역, 2001
- 「Water in Crisis」 Gleick. P. H, 1993
- 「수돗물의 건강성 향상 방안 연구 중간보고」 한국수자원공사, 2015
- 「Smart Water City 구축 가이드북」 한국수자원공사, 2015
- 「K-water가 알려주는 건강한 수돗물 수질항목 250」 한국수자원공사, 2015
- 「수돗물이 국민건강에 미치는 영향 연구」 한국수자원공사, 2014

- 「인체에 건강한 수돗물공급 시범사업 Smart Water City 기본계획」 한국수자원공사, 2014
- 「인체에 건강한 수돗물 공급을 위한 급수설비 유지관리 매뉴얼」 한국수자원공사, 2014
- 「인체에 건강한 수돗물 공급을 위한 관세척 기술동향과 작업 절차서」 한국수자원공사, 2014
- 「SWC 수돗물 인식 및 음용률 조사결과」 한국수자원공사, 2014
- 「2013 상수도통계」 환경부, 2014
- 「댐운영 실무편람」 한국수자원공사, 2014
- 「수돗물 만족도 조사」 수돗물 홍보협의회, 2013
- 「정수기를 통과한 물과 수돗물의 수질실태 조사결과」 녹색식품안전연구원, 2011
- 「한반도 기후변화 추세 분석」 기상청, 2009
- 일본 동경 수도국 보고서, 2012
- International Statistics for Water Services 2010, IWA, 2010
- Residential Customer Survey, 2007
- EPA Drinking Water Customer Satisfaction Survey, 2003
- Research into customer's view, 2002
- http://www.waterworks.metro.tokyo.jp/customer/jigyo/h21mzoku/index.html
- http://lewis.sppsr.ucla.edu/special/SocalSurvey/index.cfm

또 하나의 복지, 물

초판 1쇄 인쇄 2016년 2월 18일
초판 1쇄 발행 2016년 2월 25일

지은이 최계운
펴낸이 우영창
마케팅 오중환, 조재훈
편집 권광숙
아트 디렉트 구기수
디자인 씨오디
펴낸곳 문학의문학

주소 서울시 마포구 토정로 222, 한국출판협동조합 4층 422호
전화 02) 722-3588
팩스 02) 722-3587
출판등록 105-91-90635

ISBN 979-11-952739-9-7 03300

* 값은 뒤표지에 적혀 있습니다.